学校では教えてくれな
英文法の新常識

鈴木希明 Suzuki Noriaki

NHK出版新書
576

はじめに

　「**英文法の知識をアップデート**」、これが本書のねらいで
す。あなたが「常識」だと思っている英文法の知識の中
に、**間違っているものや、今では通用しない古いものがあ
るかもしれません**。そのままにしておくと、実際に英語を
話したり書いたりするときに、思わぬ失敗を招くことにな
りかねません。そうならないために、今すぐあなたの「**常
識**」を「**新常識**」へと**アップデート**しましょう。

　本書は、英語の学習をしている社会人、大学生、高校生
を対象としています。社会人や大学生で英語を学んでいる
人は、**高校生のときに覚えた英文法を最新のものにする**こ
とができます。また、高校で英語を勉強している人は、「**授
業では教えてくれない**」英文法の知識を身につけることが
できます。本書では50の項目を取り上げていますが、な
かには「こんなこと知ってるよ」と思うものもあるかもし
れません。でも、「知っている」と「理解している」は別で
すし、どうしてなのかを納得していないものもあるはずで
す。高校の英語の授業時間は限られていますから、先生も
生徒全員が納得できるまで詳しくていねいに教えることは

なかなかできません。**本書では1つの項目に4ページを使い、みなさんが理解し納得できる説明を心がけました。**これが「学校では教えてくれない!」という副題を付けた理由です。

　すぐにでもアップデートしなければならないのは、

① 間違って覚えている
② 使われなくなっていることを知らない

この2点です。また、

③ 使い分けがわからない
④ そもそも教えてもらっていない

という英文法の知識もあるはずです。ただ「覚える」だけでなく、理解し納得することで、あなたの英語の基礎は盤石のものになるでしょう。
　では、アップデートする項目を具体的に紹介しておきます。

① 間違って覚えている
　1990年代に出版されていた参考書に、次のような文が掲載されていました。

My hobby is to collect stamps.

この参考書で学習した人は、この文が間違っているとは思わないでしょう。ひょっとしたら間違いがわからない現役の高校生もいるかもしれません。不定詞と動名詞の使い方は覚えるだけではなく、使うときの感覚を理解することが大切なのです。

②使われなくなっていることを知らない

比較の文を学習するときに、以前の参考書では、

He is older than I (am).

という書き方がされていました。これでは am を省略して than I としてもよさそうに思えてしまいます。今では than I とすることはほとんどないのです。

③使い分けがわからない

「私は〜することができた」と言うときは、I could ... と I was able to ... という表現を使うことができます。でも、どちらでもいいというわけではありません。表す内容によっては could を使えないこともあるのです。

④そもそも教えてもらっていない

命令文に please を加えさえすればていねいになる、と思い込んでいる人や、依頼するときは Will you ...? を使えばいい、と思っている人はたくさんいます。人に何かを依頼するときに適切な表現を使えなければ、人間関係を壊すこ

はじめに　5

とになりかねません。実際に英語を使うときは、自分の言うことが相手にどのように伝わるのかを知っておく必要があるのです。このような言語使用に関する知識を教えてもらった、という人は意外と少ないのです。

本書では全3章で50の項目を取り上げます。各章の★の数は現代英文法としての「常識レベル」を表し、星の数が多いほど、ぜひ知っておいてもらいたい項目となっています。また各項目では、最初に「**あなたの常識**」として、皆さんが学んできたであろう古くなった、あるいは間違っている知識を提示し、それがなぜ違うのか?を「**新常識**」として、時にはイラストも使い、ていねいに説明していきます。

英語の学習をしていると、「どうして?」と疑問に思うことがよくあります。どういう場面でどういう表現を使うのかを理解し納得することは、英語を話す人の感覚を理解することでもあります。それは「ことば」に関する新しい発見なのです。

The real voyage of discovery consists not in seeking
new landscapes, but in having new eyes.

—— Marcel Proust (1871-1922)

さあ、新しい発見の旅に出ましょう!

学校では教えてくれない！　英文法の新常識　目次

はじめに　　　　　　　　　　　　　　　　　　　　　　　　3

第1章　常識レベル ★★★
知らないと恥ずかしい表現16

あなたの常識　その1　不定詞と動名詞　　　　　　16

「趣味は写真を撮ることです」と言うときの
「写真を撮ること」は、**to take pictures** でも
taking pictures でもよい。

あなたの常識　その2　進行形　　　　　　　　　　20

進行形は「している最中の動作」を表すので、
状態を表す動詞を進行形にすることはできない。

あなたの常識　その3　可算・不可算　　　　　　　24

「卵」は数えられる名詞なので、
an egg や **the egg**、**some eggs** とは言えるが、
some egg とは言えない。

あなたの常識　その4　比較　　　　　　　　　　　28

「彼は私よりも年上だ」と言うときは、
比較級 **older** を使って、**He is older than I.** とする。

あなたの常識　その5　動名詞の意味上の主語　　　32

動名詞の意味上の主語を示すときは、
his living abroad（彼が海外で暮らすこと）のように
所有格を使う。

あなたの常識 その6　助動詞　36

「私は〜することができた」と言うときは、
I could ... と **I was able to ...** のどちらを使ってもよい。

あなたの常識 その7　使役動詞　40

「夫に指輪を買ってもらった」と言うときは、
〈**have**＋人＋動詞の原形〉を使って
had my husband buy me a ring とする。

あなたの常識 その8　命令・依頼文　44

Close the door. のような命令文に **please** を加えると、
「〜してください」 というていねいな依頼になる。

あなたの常識 その9　疑問詞・関係代名詞　48

「だれを招待したの?」と尋ねるときは、
whom を使って **Whom did you invite?** とする。

あなたの常識 その10　イディオム　52

「私は徒歩通学です」と言うときは、
on foot(歩いて) を使って
I go to school on foot. とする。

あなたの常識 その11　イディオム　56

自己紹介で部活動について言うときは、
I belong to the drama club. のように
belong to を使う。

あなたの常識 その12　助動詞　60

「〜したほうがいい」と助言するときは、
had better を使って **You'd better ...** と言えばよい。

あなたの常識　その13　助動詞	64

willは「〜だろう」という意味で、
そうなることに確信が持てないときに使う。

あなたの常識　その14　助動詞	68

未来のことについて「〜するつもりだ」と言うときは、
I will ...と**I'm going to ...**のどちらを使ってもよい。

あなたの常識　その15　助動詞	72

「しなければならない」を表す**must**と**have to**は、
どちらを使ってもよい。

あなたの常識　その16　否定形	76

do notという否定形は**don't**と短くすることができ、
どちらを使ってもよい。

column 1　　あなたの常識　使わない表現編	80

第2章　常識レベル ★★

知っていて当たり前の表現20

あなたの常識　その17　仮定法	82

仮定法で「もし私が…なら」と言うときは、
be動詞は**was**ではなく**were**を使って
If I were ...とする。

あなたの常識　その18　関係代名詞	86

関係代名詞を使って名詞に説明を加えるときは、
その名詞（先行詞）が人以外であれば**which**を使う。

あなたの常識 その19 分詞 90

分詞だけで名詞を修飾するときは
〈分詞＋名詞〉の語順なので、
「たばこを吸っている男」は a smoking man とする。

あなたの常識 その20 文型（第4文型） 94

He taught me English. と
He taught English to me. は同じ意味だ。

あなたの常識 その21 比較 98

「私は彼より2歳年上だ」は、senior を使って
I'm senior to him by two years.
で表すことができる。

あなたの常識 その22 助動詞 102

過去の習慣について「よく～したものだ」と言うときは、
used to と would のどちらを使っても同じ意味になる。

あなたの常識 その23 受動態 106

他動詞を使う SVO の文は、目的語（O）を主語にした
受動態の文にすることができる。

あなたの常識 その24 コミュニケーション表現 110

初対面の人に「はじめまして」とあいさつするときは、
How do you do? と言う。

あなたの常識 その25 コミュニケーション表現 114

「～しましょうか」と申し出るときは Shall I ...?、
「～しませんか」と促すときは Shall we ...? を使う。

あなたの常識 その26　単数・複数　　　　　118

「私は犬が好き」と言うときは、
I like a dog. か **I like dogs.** のどちらかを使えばよい。

あなたの常識 その27　現在完了　　　　　122

「東京にずっと住んでいる」という
継続の意味を表すときは、
現在完了形を使って **I've lived in Tokyo.** とする。

あなたの常識 その28　未来進行形　　　　　126

〈**will be**＋動詞の**ing**形〉は、「～しているだろう」という
未来のある時点で進行中の動作を表す。

あなたの常識 その29　時制　　　　　130

「もし～なら」という副詞節で未来のことを表すときは
動詞の現在形を使い、 **will** は使わない。

あなたの常識 その30　不定詞　　　　　134

「～できるほど背が高い」を表す
〈**tall enough**＋不定詞〉は、
so... that を使って書き換えることができる。

あなたの常識 その31　比較　　　　　138

「2倍の高さだ」は twice as tall as のように原級を使い、
比較級 **taller** を使って表すことはできない。

あなたの常識 その32　仮定法　　　　　140

仮定法の **if** 節で **should** を使うと、
「万一～したら」という実現しそうにない
未来の仮定をすることになる。

あなたの常識 その33 話法 146

間接話法では、直接話法の過去形は過去完了形に、
will は **would** に変える。

あなたの常識 その34 分詞構文 150

Turning to the left... は条件を表す分詞構文で、
If you turn to the left という意味を表している。

あなたの常識 その35 前置詞 154

be different from や **be surprised at** は
決まった表現なので、ほかの前置詞を使うことはできない。

あなたの常識 その36 接続詞 158

理由や原因を表す節をつくる接続詞 **because** は、
文頭で使ってはいけない。

column 2 あなたの常識 思い込み編 162

第3章 常識レベル ★
知っているとプラスの表現14

あなたの常識 その37 単数・複数 164

everybody（みんな）は単数扱いなので、
人称代名詞で受けるときは **he** か **he or she** を使う。

あなたの常識 その38 単数・複数 168

There's ... の後には単数形の名詞を続け、
複数形の名詞を続けることはできない。

あなたの常識　その39　イディオム　　　172

I've got a car. は現在完了形の文なので、
「私は車を手に入れた」という意味になる。

あなたの常識　その40　不定詞　　　176

「住む場所」は **a place to live in** で表し、
a place to live とすることはできない。

あなたの常識　その41　不定詞　　　180

This box is too heavy for me to lift. という文では、
lift の目的語として **it** を入れることはできない。

あなたの常識　その42　現在完了　　　184

just now は「たった今」という過去の時点を示すので、
現在完了形の文で使うことはできない。

あなたの常識　その43　現在完了　　　188

「パリに行ったことがある」は、
現在完了形の **have been to Paris** で表し、
have gone to Paris とはしない。

あなたの常識　その44　過去完了　　　192

「あなたにもらった時計をなくした」と言うときは、
過去完了形を使って
I lost the watch you had given me. とする。

あなたの常識　その45　助動詞　　　196

must は「〜に違いない」という意味を
表すことができるが、
have to でこの意味を表すことはできない。

あなたの常識　その46　助動詞 200

may wellを使った
He may well be surprised.という文は、
「彼が驚くのももっともだ」という意味だ。

あなたの常識　その47　接続詞 204

「もし…でなければ」と言うときは、
if ... notか**unless**のどちらを使ってもよい。

あなたの常識　その48　冠詞 208

関係詞を使って名詞を修飾するときは、
その名詞（先行詞）には定冠詞**the**を付ける。

あなたの常識　その49　冠詞 212

playの後に楽器名を続けるときは、
play the piano（ピアノを弾く）のように
楽器名に**the**を付ける。

あなたの常識　その50　前置詞 216

It was stupid ＿＿＿ you to believe him.の
空所に入れるのは**of**で、**for**を入れることはできない。

あ と が き 220

参 考 文 献 221

常識レベル
★ ★ ★

第1章

知らないと
恥ずかしい表現
16

あなたの常識 その1 [不定詞と動名詞] ★★★

「趣味は写真を撮ることです」と言うときの「写真を撮ること」は、**to take pictures** でも**taking pictures**でもよい。

　不定詞（to＋動詞の原形）と動名詞（動詞のing形）は、「〜すること」という意味の名詞として使うことができます。「写真を撮ること」は、不定詞なら to take pictures、動名詞なら taking picturesです。でも、趣味について「写真を撮ること」と言うときは、

My hobby is **taking** pictures.

と、動名詞を使います。不定詞を使って × My hobby is to take pictures. とすることはできないのです。

「していること」なら動名詞を使う

　「私は今、写真を撮っています」
と言うときは、

I'm **taking** pictures.

という進行形にします。このtakingは現在分詞ですが、My hobby is **taking** pictures. で使っている動名詞taking

と同じ形です。形が同じなのですから、現在分詞と動名詞には共通点があると考えられます。進行形は「写真を撮っている」のような**一時的な状況**を表す表現で、現在分詞は「**実際に〜している**」という意味を表しているのです。

動名詞を使って My hobby is taking pictures. とするのも、taking picturesが「（実際に）写真を撮っている」という意味を表すからです。「趣味」は実際にしていることですから、動名詞を使うのがぴったりです。それに、趣味はまだまだ続くものです。動名詞には「**達成していない**」という意味も含まれているのです。

「これからすること」なら不定詞を使う

不定詞は、「私の夢は写真家になることです」のように、「**これからすること**」を表すときに使います。

My dream is **to become** a photographer.

不定詞で使われるtoは、もとは前置詞です。前置詞toは到達点を示すのが基本ですから、〈to＋動詞の原形〉は「**〜することに到達する**」という意味を表します。to become a photographerは「写真家になることに到達する」ということですから、「夢」を表すのにぴったりです。「目的」や「目標」について話すときに、The goal of this project is **to develop** a new technology.（このプロジェクトの目的は新しい技術を開発

することです）のように不定詞を使うのも、「到達」を意
識するからです。「～することに到達する」ということは、
それを「達成する」ということです。不定詞には「**達成す
る**」という意味も含まれているのです。

動詞に「～すること」を続ける

不定詞は動詞の目的語として使うことができます。

I want **to take** pictures.（私は写真を撮りたい）

wantを使って「何かをしたい」と言うときは、「～する
ことに到達する」を表す不定詞を目的語として続けます。
「それを達成したい」という感覚です。

wantのほかに、hope（望む）、plan（計画する）、intend
（意図する）、decide（決める）、agree（同意する）、promise
（約束する）、learn（身につける）、manage（何とかする）
のような動詞が不定詞を目的語にします。どれも「達成す
る」ことを意識する動詞です。

動名詞も動詞の目的語として使うことができます。

I enjoyed **taking** pictures.（私は写真を撮って楽しんだ）

enjoyを使って「～して楽しむ」と言うときは動名詞を
使います。「楽しむ」ためには実際に何かをしている必要
があります。「実際に～している」を動名詞で表している

のです。practice（練習する）やfinish（終える）の後に動名詞を続けるのも「実際にしていること」を続ける必要があるからです。

recommend（勧める）も動名詞を目的語にします。

I recommend **taking** pictures.
（写真を撮ることをお勧めします）

進行形は、I'm **thinking** about changing jobs.（転職を検討中です）のように、「決まっていない」「定まっていない」ことを表す場合があります。recommend taking picturesの場合も同じで、「写真を撮ること」は勧めているだけで、決まったことではありません。imagine（想像する）、discuss（話し合う）、suggest（提案する）のような動詞が動名詞を目的語にするのも同じ感覚です。

give up（あきらめる）、miss（しそこなう）、avoid（避ける）が動名詞を目的語にするのは、「達成していない」という意識がはたらくからです。

あなたの 新 常識　その1［不定詞と動名詞］

趣味について「〜することです」と言うときは、不定詞ではなく動名詞を使って**My hobby is taking pictures.**のようにする。

第1章　知らないと恥ずかしい表現16　　19

あなたの常識 その2 [進行形]

進行形は「している最中の動作」を表すので、状態を表す動詞を進行形にすることはできない。

英語では、「何かをしている」という進行中の動作を表すときに進行形を使います。

They're practicing judo. (彼らは柔道の練習をしている)

進行形が表すのが「している最中の動作」ということになると、live(住んでいる)やhope(望んでいる)のような状態を表す動詞を進行形にすることはできない、ということになります。確かに、She **lives** in Paris.(彼女はパリに住んでいる)やI **hope** you'll give me some advice.(何か助言をいただければと思っています)のように、現在の状態は単純現在形で表します。でも、

She's **living** in Paris.
I'm **hoping** you'll give me some advice.

と進行形にすることもできるのです。

進行形は一時的な状況を表す

　まず、「進行形はしている最中の動作を表す」という思い込みを捨てることから始めましょう。

I'm studying Spanish this year.

「今年はスペイン語の勉強をしている」という意味ですが、必ずしも「している最中の動作」とは言えません。this yearという期間の中で(断続的に)続いていることを表しているからです。

　進行形は、「している最中の動作」ということではなく、**「一時的に続いている状況」**を表す表現です。したがって、動作だけでなく、一時的に続いている状態も表すことができます。She's living in Paris.の場合は、ずっと住んでいるのではなく、「一時的に住んでいる」ことを表しています。留学や海外赴任などでそこに住む期間が限られているような状況で、liveを進行形で使うのです。

　She's wearing jeans today.（彼女、今日はジーンズだよ）なら、「彼女」はいつもジーンズをはいているわけではないことがわかりますし、He's being careless these days.（彼は最近、不注意だな）なら、「彼」はいつもは不注意でないことがわかります。be動詞でも進行形にすることができるのです。

一時的な状況は決まっていないことにつながる

　thinkやfeelも、一時的な状況であることを意識する場

第1章　知らないと恥ずかしい表現16　　21

合は進行形で使うことができます。

I'm thinking about changing jobs. （転職を検討中です）
How **are** you **feeling** today? （今日の調子はどう？）

　「一時的な状況」ということは、まだ「**決まっていない**」「**定まっていない**」ということです。

How **are** you **liking** your new job? （新しい仕事はどう？）

「新しい仕事」に対する気持ちが定まっていない状況ですから、likeを進行形で使っています。
　また、**I'm hoping** you'll give me some advice. と言うときは、進行形で「望んでいるんですけど…」という「定まっていない」感を出しています。これで、「望んでいるんですけどどうでしょうか」という、ていねいな依頼表現にすることができるのです。

進行形で今の感情を強調して伝える

　進行形を使って、**持ち続けている感情を強調して伝える**こともあります。

I'm longing to see you again.
（またあなたにお会いするのを待ちこがれています）
I'm really wanting to visit Florence.
（私は本当にフィレンツェに行きたいんです）

22

この場合は「一時的」であることは意識しません。持ち続けている感情を動的に表現することで、とにかく「今はこういう気持ちなんです！」と伝えているのです。

変化している途中を進行形で表す

　know（知っている）のように進行形にしない動詞もあります。一時的に「何かを知っている」という状況を意識することがないからです。understand（理解している）やresemble（似ている）も進行形にしないのが基本ですが、次のような状況であれば進行形にすることができます。

We're understanding each other <u>better</u>.
（私たちはお互いをより理解するようになっている）

She's resembling her mother <u>more and more</u>.
（彼女はますます母親に似てきている）

「理解している」「似ている」という度合いが進んでいることを進行形で表しています。betterや more and moreという表現があることで、「変化している途中で定まっていない」という感覚が生じているのです。

あなたの **新** 常 識　その2［進行形］

進行形は「一時的な状況」を表すので、状態を表す動詞でも進行形にできる場合がある。

第1章　知らないと恥ずかしい表現16　　23

あなたの常識 その3 [可算・不可算]

「卵」は数えられる名詞なので、an egg や the egg、some eggs とは言えるが、some egg とは言えない。

「卵」と聞くと「鶏卵」をイメージする人がほとんどでしょう。「卵」は数えることができますから、複数個の場合は、

Can you get **two eggs** from the fridge?
(冷蔵庫から卵を2個取ってくれる？)

のように複数形で使います。「卵」は数えられる名詞ですから、an eggとかsome eggsとは言えても、some eggとは言えないはずです。でも、eggは次のような使い方もできるのです。

I dropped **some egg** on the floor.
(床にたまごを落としちゃった)

an egg と egg は別モノ？

英語の名詞には**数えられる名詞**と**数えられない名詞**という区別があります。数えられる名詞は「卵」のように**数える形やまとまりがある**もので、数えられない名詞は「水」

24

のように**数える形やまとまりがないもの**です。eggは an eggや some eggsのような使い方ができますが、waterには aを付けることはできませんし、複数形にもできません。

I'm thirsty. I need some water!
（のどがかわいてる。水が必要だよ！）

蛇口から出てくる水や、ペットボトルに入っている水自体は数えようがないのです。

　でも、「卵」はいつも数えられる「卵」なのかと言うと、そうではありません。たまごサンドを作るときは、ゆで卵をつぶして、塩・こしょう・マヨネーズを加えて混ぜますね。こうしてできた「たまご」は1個、2個と数えられる「卵」ではなく、数えられない「たまご」です。I dropped **some egg** on the floor. は、この「たまご」を床に落としたことを表しているのです。

　2009年の大学入試センターにこんな問題が出題されています。もう答えはどれかわかりますね。

You've got [　] on your tie. Did you have fried eggs for breakfast?

　① a few eggs　　② an egg
　③ some egg　　　④ some eggs

第1章　知らないと恥ずかしい表現16　　25

正解は③のsome eggです。fried eggsは「目玉焼き」のことですから、問題文は「ネクタイにたまごが付いているけど、朝食に目玉焼きを食べたの？」という意味になります。もし、ほかの選択肢を入れてしまうと、ネクタイに「卵」がそのままの形でくっついていることになってしまいます。

数えられない名詞の特徴は？

英語の名詞は「数えられる名詞」と「数えられない名詞」のどちらかに分類されるというものではありません。eggがsome eggsとしてもsome eggとしても使われるように、その状態によってものの見方が変わることもあります。

たとえばappleやbananaも、そのままの形ならsome applesやsome bananasのように数えられる名詞として使いますが、小さく切ってサラダに入れたり、パンケーキにトッピングしたりするようなものになっていれば、some appleやsome bananaのように数えられない名詞として使います。

また、「肉」に関しては、「牛肉」はbeef、「豚肉」はporkという「牛」「豚」とは違う名詞がありますが（どちらも数えられない名詞です）、「鶏」に関しては「鶏」も「鶏肉」も

chickenです。では「鶏肉」なら数えられない名詞になるのかと言うと、必ずしもそうではありません。1羽を丸焼きにして「鶏」の形をとどめているような場合は、数えられる名詞になるのです。

I ate **a roast chicken** last night.
（昨夜、ローストチキンを食べました）

数えられるかどうかは英語の論理

名詞を数えられる名詞として使うのか、数えられない名詞として使うのかは、英語話者の論理です。英語では「米」を表すriceは数えられない名詞ですし、通貨もdollarsとは言っても×yensとは言いません。

information（情報）やadvice（助言）はどちらも数えられない名詞です。でも、ドイツ語ではInformation（情報）は数えられる名詞で、Informationenのような複数形があります。ものの見方は1つではないのです。

あなたの **新** 常識　その3［可算・不可算］

「卵」は数えられる名詞だが、「卵」の形が意識されなくなると、数えられない名詞として使うことになる。

あなたの常識 その4 [比較]

「彼は私よりも年上だ」と言うときは、比較級olderを使って、He is older than I. とする。

2人の年齢を比べて「彼は私よりも年上だ」と言うときは、形容詞oldの比較級olderを使って、

He is older than I.

とします。文法的にも意味的にも問題ありません。でも、現代英語ではこうは言いません。thanの後は主格(主語の形です)のIではなく目的格のmeを使って、

He is older than **me**.

とするのが普通なのです。

比較の文は2つの文から成り立っている

まず、比較の文の成り立ちを確認しておきましょう。「彼は私よりも年上だ」と言うときの完全な形は、

He is older than **I am**.

です。この文は「彼 (he)」と「私 (I)」を比べているのではなく、「彼の年齢は… (He is ...)」と「私の年齢は… (I am ...)」という、2つの文が表す内容を比べているのです。

He is 50.　　I am 46.
He is older than I am.

述語動詞が一般動詞の場合は次のようになります。

He plays tennis better than **I do**.
(彼は私よりもテニスをするのが上手だ)

この文では、「彼はテニスをするのが… (He plays tennis ...)」と「私はテニスをするのが… (I play tennis ...)」を比べています。I doとなっているのは、play tennisが繰り返されるのを避けるためです (このdoは「代動詞」と呼ばれています)。

thanの後がI amやI doになることがまだピンとこない人は、次の文で確認してください。

He looks older than **he really is**.
(彼は実際の年齢よりも年上に見える)

この文は「彼の見た目の年齢は… (He looks ...)」と「彼の実際の年齢は… (he really is ...)」を比べています。この

ように、比較の文は〈主語＋動詞〉を持つ2つの文を組み合わせることで成り立っているのです。

than I am の省略形は than me

He looks older than he really is. の場合は、he really is でないと何と比べているのかわからなくなってしまいますが、He is older than I am. の場合は、am を省略して He is older than I. としても意味は伝わります。

でも、実際には than I ではなく than me とするのが普通です。これは、文が主格で終わるのを避けたいという意識と、than を前置詞ととらえて、その目的語として目的格を続けたいという意識がはたらくからです。文法に従えば、He is older than I (am). となって省略形の than I は正しいのですが、その「正しさ」が堅苦しさにつながり、敬遠されるようになったのです。これは as を使う比較の文でも同じです。

He is as old as me. （彼は私と同じくらいの年だ）

than me とできないこともある

than me とできるのは、伝える意味に誤解が生じない場合です。次の文はどうでしょう。

You love her more than **I do.**

than I do は than I love her ということです。この文で比べ

30

ているのは「あなたが彼女を愛しているのは…」と「私が彼女を愛しているのは…」です。比較級moreを使うことで、「私が彼女のことを愛しているよりも、あなたは彼女のことを愛している」という意味になるのです。これを

You love her more than **me**.

とすると、「あなたは私よりも彼女のことを愛している」という意味になります。「あなたが彼女を愛しているのは…」と「あなたが私を愛しているのは…」を比べることになるのです。この場合は、You love her more than you love me. の you love が省略されています。

　次の文のように、動詞や助動詞が比べる対象を示している場合も、もちろん省略できません。

This product is far better than **I thought**.
（この商品は私が思ったよりもずっといい）

This product is not as good as **it should be**.
（この商品はあるべき状態には至っていない）

あなたの **新** 常識　その4［比較］

比較の文で**than**や**as**の後が人称代名詞だけになるときは、主格ではなく目的格を使うのが普通。

第1章　知らないと恥ずかしい表現16　　31

あなたの常識　その5 [動名詞の意味上の主語]　★★★

動名詞の意味上の主語を示すときは、**his living abroad**（彼が海外で暮らすこと）のように所有格を使う。

「私は彼が海外で暮らすことを想像できません」を、imagine（〜を想像する）を使って英語にすると、

I can't imagine **his living** abroad.

となります。his living abroad が「彼が海外で暮らすこと」を表し、his は living abroad の主語を示しています。動名詞の意味上の主語を示すときに所有格の人称代名詞を使うのは文法的に正しく、何の問題もありません。でも、現代英語では所有格ではなく、I can't imagine **him** living abroad. のように**目的格を使うことが多い**のです。

動名詞の意味上の主語とは

動名詞は動詞のing形で、主語や補語、目的語として使うことができます。

I can't imagine **living** abroad.
(私は海外で暮らすことを想像できません)

この文ではliving abroad（海外で暮らすこと）が動詞imagineの目的語になっていて、「海外で暮らす」のは文の主語の「私」ということになります。

「**彼が**海外で暮らすことを想像できない」と言いたければ、「海外で暮らす」の主語にあたる「彼」を入れなければなりません。これが「動名詞の意味上の主語」で、人称代名詞なら所有格か目的格を使って

I can't imagine **his/him living** abroad.

とするのです。

所有格なのか目的格なのか

動名詞の意味上の主語を示すときに所有格を使うのは、動名詞が名詞のはたらきをするからです。名詞の前に「だれの」を入れるときは、

I can't imagine **his situation**.
（私は彼の立場を想像できません）

のように所有格を使います。his living ... とするのもこれと同じなのです。

では、文法的に正しい所有格ではなく、目的格を使うことが多いのはどうしてなのでしょう。これは、後続する動名詞の主語を示すというよりも、動詞の目的語であることを示すという感覚で、I can't imagine **him** ... としているか

第1章　知らないと恥ずかしい表現16　　33

らです（himがimagineの目的語）。

目的格を使うのは直前の他動詞の影響ですから、文の主語として動名詞を使う場合は所有格を使います。

His winning the prize was unexpected.
（彼が賞を取ることは予想していなかった）

Do you mind ...? で動名詞を使う

mindは「気にする」「いやだと思う」という意味の他動詞として使うことができます。これを疑問文で使って、

Do you mind **sitting** here?

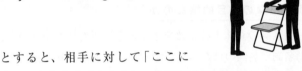

とすると、相手に対して「ここに座ってもらえませんか」という依頼の表現になります。文字どおりの意味は「あなたはここに座ることを気にしますか」ですが、相手が気にするかどうかを聞くことで、遠まわしに「そうしてくれませんか」と頼んでいるのです。

「私が座ってもいいですか」と尋ねる場合は、

Do you mind **me sitting** here?

とします（所有格なら my sittingです）。「あなたは私がここに座ることを気にしますか」が文字どおりの意

味で、「ここに座ってもいいですか」という相手の気持ち
を配慮する表現になるのです。

Do you mind me sitting here? は、これから座ろうとす
る場合と、すでに座っている場合のどちらでも使うことが
できます。これから座ろうとする場合は「ここに座っても
いいですか」、すでに座っている場合は「ここに座ってい
てもいいですか」という意味です。ちなみに、「ここに
座ってもいいですか」は、

Do you mind if I sit here?

と言うこともできます。

ところで、Do you mind me sitting here? と声をかけら
れたときはどう答えますか? mindは「気にする」「いや
だと思う」という意味ですから、Yes, I do. だと「はい、い
やですよ」となってしまいます。「どうぞ座ってください」
と言いたいときは、No, not at all. やOf course not. のよう
に否定しなければなりません。Noと言うのに違和感があ
れば、Sure. Go ahead. でもいいですよ。

あなたの **新** 常 識　その5[動名詞の意味上の主語]

動名詞の前に意味上の主語として入れる人
称代名詞は、**imagine him living ...** のよう
に目的格を使うことが多い。

第1章　知らないと恥ずかしい表現16　　35

あなたの常識　その6 [助動詞]　　　★★★

「私は〜することができた」と言うときは、I could ... と I was able to ... のどちらを使ってもよい。

　couldとwas/were able toは、どちらも「することができた」という意味を表すときに使います。でも、「どちらを使ってもよい」というわけではありません。たとえば、商品の売り込みをしている営業の人が「やっと支店長に会うことができました」と言うときは、

Finally, I **was able to** meet the manager.

とwas able toを使い、couldを使うことはできないのです。

couldを使って「できた」を表す

　「何かをすることができた」と言うときは、助動詞canの過去形couldを使います。

I **could** run a marathon in under three hours when I was in my twenties.
（20代のころは、マラソンを3時間未満で走ることができた）

couldは、過去に何かをする能力があったことを表す助動詞です。能力だけでなく、何かをすることが可能だったことを表すこともできます（状況的にいつでもそうすることが可能だった、ということです）。

We **could** have breakfast in our room when we stayed at the hotel.
（そのホテルに滞在中、私たちは部屋で朝食を食べることができた）

「何かをすることができた」は、be able toを過去時制にしたwas/were able toで表すこともできます。

My grandfather **was able to** speak three languages.
（私の祖父は3か国語を話すことができた）

couldを使えない「できた」がある

couldを使うのは、①**そうする能力があった**、②**そうすることがいつでも可能だった**、という場合です。「やっと支店長に会うことができた」と言うときの「できた」は、①と②の「できた」とは違いますね。過去に達成することができた、ということだからです。

ある特定の行為を過去のある時点で達成することができたと言うときは、was/were able toを使います。そうする能力があったわけでもなく、状況的にいつでも可能だったわけでもない場合に、couldを使うことはできないのです。

第1章　知らないと恥ずかしい表現16　　37

「終電に乗ることができた」と言うときも、was able to を使って、I **was able to** catch the last train yesterday.（昨日は終電に乗ることができました）とします。

could が過去のことを表さない場合もある

couldを使うときに注意しなければならないことはほかにもあります。それはcouldを「仮定法」で使う場合です。みなさんが「仮定法」と聞いて思い出すのは、おそらく次のような文でしょう。

If I had a car, I **could** drive you home.
（車があれば、君を家まで送ることができるんだけど）

この文の場合はif節で「もし…なら」と言っているので、主節のcouldが過去のことではなく、「〜することができるのに」という現在のことだとわかります。でも、仮定法の文にはいつも「もし…なら」があるわけではありません。I **could** run a marathon in under three hours. だけでも、「（その気になれば）マラソンを3時間未満で走ることができる」という仮定法の文になるのです。過去のことだと誤解なく伝えるためには、I **could** run a marathon in under three hours when I was in my twenties. のように、過去のことであることを示す必要があります。

「〜することができましたか」という疑問文をつくるときも、表す意味に注意が必要です。**Could you** run the marathon in under three hours? だと、「そのマラソンを3

時間未満で走っていただけますか」という、ていねいな依頼を表す文になってしまいます。過去のことを尋ねるときは、**Were you able to** run the marathon in under three hours? とすればいいのです。

could や was able to を使わなくても表現できる

「売上目標を達成することができました」のような「できた」を表すときに、could と was/were able to のどちらを使うのか迷ってしまうこともあるでしょう。そんなときは、I **achieved** my sales targets. と過去形を使えば簡単です。でも「ちょっとがんばったよ」というニュアンスを入れたい場合もありますね。そんなときには managed to という便利な表現があります。

I **managed to** achieve my sales targets.
(何とか売上目標を達成することができた)

これで、「何とかすることができた」という意味を表すことができるのです。

あなたの **新** 常識　その6 [助動詞]

「支店長に会うことができた」のように、能力とは関係なく「できた」と言う場合は、**could** ではなく **was able to** を使う。

第1章　知らないと恥ずかしい表現16　39

あなたの常識　その7 ［使役動詞］　　★ ★ ★

「夫に指輪を買ってもらった」と言うときは、〈have＋人＋動詞の原形〉を使ってhad my husband buy me a ringとする。

　使役動詞のhaveを使って〈**have＋人＋動詞の原形**〉とすると、「**〈人〉に〜してもらう**」という意味を表すことができます。

I had a plumber fix a leaky faucet.
（私は配管工に水漏れのする蛇口を直してもらった）

同じ形を使って、I **had my husband buy** me a ring.とすれば「私は夫に指輪を買ってもらった」という意味になるはずです。でも、この英文にはちょっと問題があります。英文としては成り立っていますが、かなり上から目線のニュアンスになっているのです。

〈have＋人＋動詞の原形〉を使う場合

　「〜してもらう」を表す〈have＋人＋動詞の原形〉は、アメリカ英語でよく見られる表現です。この形を使うのは、have a plumber fix a leaky faucetのように、それを職業としている人にやってもらうような場合です。「医者に診てもらう」と言う場合も、次のような使い方ができます。

You'd better **have the doctor examine** your eyes.
（医者に眼を診てもらわないとだめだよ）

〈have＋人＋動詞の原形〉は、**してもらうのが当然だ、してもらう権利がある**、という状況で使います。また、「〜させる」というニュアンスで使うこともあります。**そうさせる立場にある**という場合です。

Have your daughter come here.
（娘さんをここに来させてください）

職務上必要なことであれば、I **had my boss check** the document.（上司に書類のチェックをしてもらった）と言うこともできます。日本人の感覚だと失礼な言い方に聞こえますが、アメリカのように上司であっても名前で呼ぶような文化の国では失礼に当たらないことが多いのです。ただし、職務外のことをお願いした場合はこの形を使わないほうがいいでしょう。

また、上司にしてもらうことでも、外部の人に伝えるときは、「〜させる」というニュアンスで使うことができます。

I'll **have my boss call** you.（上司に電話させます）

その人が当然すべきことですし、外部の人に対して「上司に電話してもらいます」とは言いませんね。

第1章　知らないと恥ずかしい表現16　　41

「夫に指輪を買ってもらった」は？

〈have＋人＋動詞の原形〉を使ったI had my husband buy me a ring.という文からは、「買ってもらうのが当然なのよ」と思っている妻の姿が思い浮かびます。そんな上から目線ではなく、「買ってもらっちゃった！」と言いたいときは、haveではなくgetを使います。getは〈**get＋人＋不定詞**〉という形です。

I got my husband to buy me a ring.

これは、「〈**人**〉にお願いして～してもらう」という状況で使う表現です。この文からは、「夫におねだりして買ってもらったの」と喜んでいる妻の姿が想像できます。

haveには「（そうしてもらう権利を）持っている」、getには「（そうしてもらう状況を）手に入れる」というニュアンスがあります。〈get＋人＋不定詞〉は「そうしてもらえてラッキー！」というニュアンスで使うこともできるのです。

ただし、「夫に指輪を買ってもらった」と言うのであれば、My husband bought me a ring for me.（夫が私に指輪を買ってくれた）とすれば簡単ですね。

〈**have＋名詞＋過去分詞**〉を使う

使役動詞のhaveは〈**have＋名詞＋過去分詞**〉という形でも使われます。

I had my hair cut.（髪を切ってもらった）

I'll **have the document checked** by a colleague.

（同僚に書類をチェックしてもらいます）

「**〈名詞〉を～してもらう**」という意味で使う表現です。

〈have ＋名詞＋過去分詞〉は、「**～される**」という**被害**を表すときにも使います。

I had my wallet stolen. （財布を盗まれました）

「～してもらう」と「～される」のどちらの意味で使われているかは内容と文脈によります。話すときは、「～してもらう」の意味の場合はhaveを、「～される」という被害を表す場合は過去分詞を強く発音します。

getもこの形で使うことができます。haveよりもgetのほうが会話ではよく使われますが、突然の出来事による被害について言う場合はgetを使います。

I got my finger caught in a car door.

（車のドアに指をはさまれました）

あなたの **新** 常識　その7［使役動詞］

「夫に指輪を買ってもらった」は、**have**ではなく **get**を使い、**got my husband to buy me a ring**とする。

第1章　知らないと恥ずかしい表現16　　43

あなたの常識　その8 [命令・依頼文]

Close the door.のような命令文にpleaseを加えると、「〜してください」といっていねいな依頼になる。

「ドアを閉めなさい」と言うときは、Close the door. という命令文を使います。相手に「する／しない」の選択を与えず、そうすることを強いる表現です。親が子どもに、先生が生徒に、という状況なら使うこともありますが、そうでなければ避けたいところです。命令されるのはあまり気持ちのいいことではありませんからね。

では、pleaseを加えてClose the door, **please**. とすればいいのかというと、そうではありません。**pleaseを加えてもていねいな依頼にはならないのです。**

pleaseを加えて口調を和らげる

pleaseを命令文の後に加えるのは、「〜しなさい」という**強い口調を和らげる**ためです。

Close the door, **please**. （ドアを閉めてください）
Don't enter the lawn, **please**. （芝生には入らないでね）

「してください」「しないでね」という日本語からはていねいな表現になった印象を受けますが、**命令であることに変**

わりはありません。

pleaseを加えることで強い命令の意味合いになることもあります。pleaseを強く発音したり、「**プリーーズ**」と長く発音したりすることで、相手に対するいら立ちや非難の気持ちを込めることがあるのです。日本語でも「ドアを閉めてくださいね」と軽く言った場合と、「ドアを閉めて**ください**ね」と強く言った場合では、ずいぶんニュアンスが違いますね。

また、pleaseを命令文の前に加えることで、「どうか〜してください」という要請を伝えることもできます。

Please be quiet.（どうか静かにしてください）

Can you ...? や Will you ...? で依頼する

命令や要請ではなく、相手に「〜してくれませんか」と**依頼する**ときは、Can you ...? や Will you ...? という表現を使います。

Can you close the door? / **Will you close** the door?

どちらも「ドアを閉めて」と頼んでいますが、ニュアンスは異なります。Can you ...? は「できる？」→「できるならやってね」、Will you ...? は「するつもり？」→「するならしてね」という意味で使います。Will you ...? は Can you ...? よりも相手に行動を促す意味合いが強く、言い方によっては命令に近くなります。

第1章　知らないと恥ずかしい表現16　　45

Could you ...? や Would you ...? で依頼する

Could you ...? や Would you ...? を使うと、「〜してくださいませんか」という、ていねいな依頼になります。

Could you close the door? / **Would you close** the door?

過去形の could や would を使うことで直接的な意味合いが薄れ、Could you ...? は「できるのであればしていただきたい」、Would you ...? は「するつもりがあればしていただきたい」というニュアンスになります。できることがわかっている場合は、Would you ...? を使います。

Would you show me your passport?
(パスポートを見せていただけますか)

ていねいな表現ですが、相手がそうすることが当然のような感じがします。Could you ...? にはそのニュアンスはありません。

Could you show me the way to the station?
(駅への道を教えてくださいませんか)

さらにていねいさを出したければ、Could you show me the way to the station, **please**? とします。Could you **please** show me ... という語順にして please を強く発音すると、「お願いですから教えてください」という強い意味になり、

話し手のいら立ちが伝わることもあります。

Could you ...? が使えないこともある

「〜してくださいね」と言うときに、Could you ...? を使えない場合があります。「うちに来てくださいね」と自宅に招待するときにCould you come over to my place? と言うと、招待ではなく「お願いだから来てください」という依頼になってしまいます。こういうときは命令文で、

Please come over to my place.

とします。そのことで楽しいことがあったり、相手の利益になるようなことがあったりするような場合は、命令文でも失礼にならないのです。親しい相手でなければ、Would you like to come over to my place? とすれば完璧です。

また、道案内や操作方法の指示をするような場合も命令文を使います。Turn left and ... (左に曲がって…) のようにわかりやすく伝えるのが一番なのです。このような場合はpleaseを加えることもありません。

あなたの **新** 常識　その8 [命令・依頼文]

命令文に**please**を加えただけではていねいな依頼にはならない。何かを頼みたいときは**Could you ...?**を使う。

第1章　知らないと恥ずかしい表現16　　47

あなたの常識 その9 [疑問詞・関係代名詞]

「だれを招待したの?」と尋ねるときは、whomを使ってWhom did you invite?とする。

「だれを招待したの?」は、inviteの目的語になる「人」を尋ねる疑問文なので、疑問詞はwhoの目的格whomを使ってWhom did you invite?とする。文法的にも意味的にも正しい文です。でも、現代ではこう言う人はほとんどいません。whomではなくwhoを使って、

Who did you invite?

とするのです。

疑問代名詞whoは、Who invited that man?(だれがあの男を招待したの?)のように主語として、また、Who is her fiancé?(彼女のフィアンセはだれですか)のように補語として使います。このwhoを目的格whomの代わりに使うのです。

疑問文でwhomを使う人はほとんどいない

疑問代名詞にはwhatとwhichもありますが、この2つは主語でも目的語でも形は変わりません。

What happened?（何があったの？）

What did you do?（何をしたの？）

Which did you choose?（どれを選んだの？）

　疑問詞を使う疑問文は、疑問詞で文を始めるのが基本です。何を尋ねるのかを真っ先に伝えることができますが、whoを使うときだけは主語なのか、目的語なのかを最初に判断しなければなりません。文法を意識してwhomを使うのは「堅苦しい」と思われるようになり、主語でも目的語でもwhoでいいのでは、ということになったのです。それに、英語の語順は〈主語＋動詞〉が基本ですから、文の最初が目的格のwhomになることに違和感を覚える人も多かったのでしょう。「だれが」と「だれを」を区別するよりも、「だれ？」という感覚でwhoを使うようになったのです。

Who did you invite to the party?

（だれ？　あなたがパーティーに招待したのは）

　目的格のwhomの代わりにwhoを使うようになったのは最近のことではありません。15世紀の中ごろには目的格でのwhoの使用が見られるようになり、17世紀には目的格でwhoを使うことが標準になっています。その後は文法的な正しさを求める動きもあってwhomが巻き返した時期もありましたが、現代では目的格でもwhoを使うことがほとんどという状況です。

第1章　知らないと恥ずかしい表現16　　49

前置詞のあとでも who を使うことがある

疑問文でも whom を使う場合があります。

With whom did you go to the concert?
（だれとコンサートに行ったの？）

疑問詞が前置詞の目的語であることがはっきりしていますから、who か whom で迷うことはありません。でも、やっぱり whom って堅苦しい、ということから With who? とすることもあります。それに、who が前置詞の目的語になる場合は、前置詞をうしろにまわして、**Who** did you go to the concert **with**? とするのが一般的です。

関係代名詞 whom も会話では使わない

関係代名詞の場合も疑問代名詞と同じで、whom を使うべきところで who を使います。

The man **who** I met last night was very kind.
（昨夜会った男性は、とても親切でした）

ここで the man whom I met と文法的に正しくすると堅苦しい感じがします。関係代名詞の場合は、whom を避けるための次のような方法もあります。

The man I met last night was very kind.
The man **that** I met last night was very kind.

50

目的格の関係代名詞は省略して、先行詞となる名詞に〈主語＋動詞〉を直接続けることができます（これが最も一般的です）。また、whomの代わりにthatを使うこともできます（先行詞が人でもthatを使うことができるのです）。これならwhoとwhomで迷わなくてすみます。

　関係代名詞が前置詞の目的語になることもありますが、疑問代名詞の場合と同様、前置詞をうしろにまわしてwhoを使うか、関係代名詞を省略するのが一般的です。

The man **with whom** I spoke was very kind.
The man **who** I spoke **with** was very kind.
The man I spoke **with** was very kind.
（私が話をした男性はとても親切だった）

　話し言葉で関係代名詞のwhomを使うことはあまりありませんが、書き言葉では文法どおりにwhomを使うこともあります。特にフォーマルな文書では目的格にはwhomを使うことが求められています。

あなたの**新**常識　その9［疑問詞・関係代名詞］

「だれを招待したの?」と尋ねるときは、**whom**の代わりに**who**を使って**Who did you invite?**とするのが普通。

第1章　知らないと恥ずかしい表現16　　51

あなたの常識 その10 [イディオム] ★★★

「私は徒歩通学です」と言うときは、on foot (歩いて) を使って I go to school on foot. とする。

　移動手段について「自転車で」「バスで」と言うときはby bicycle、by busのようにbyを使いますが、「歩いて」と言うときはbyではなくonを使ってon footとします (このような場合、bicycleやbus、footには冠詞は付けません)。したがって、「私は徒歩通学です (歩いて学校に行きます)」は、

I go to school **on foot**.

で正しい文になります。でも、ネイティブ・スピーカーでこのように言う人はほとんどいません。

I **walk** to school.

と、動詞walkを使うのです。

動詞で移動手段を表す

　go on footという表現を使わないのは、同じ意味をwalkだけで表すことができるからです。walk to schoolで伝え

52

られることを、わざわざgo to school on footにする必要
はありません。

　同じように、「車で行く」はgo by carではなく、動詞
driveを使うのが普通ですし、「飛行機で行く」もflyを使え
ば簡単です。

I drive to work. （私は車で通勤しています）
I flew to Osaka. （大阪へ飛行機で行きました）

　「自転車で行く」と言うときも、bicycleを動詞として使
うことができます。bicycleはbikeとかcycleと短くするこ
とが多いので、**I bike** to my office.とすれば「職場まで自
転車で通っています」という意味になります。

　また、「バスで行く」と言うときにbusを動詞として使
うことはありますが、「電車で行く」を動詞で表すことは
ありません。by trainやby railを使うか、

I take the train to work. （電車で通勤しています）

という表現を使います。

on footを使うこともある

　動詞にwalkを使わない場合はon footを使います。

I traveled on foot. （私は徒歩で旅行しました）
I hurried there **on foot.** （私はそこに徒歩で急いだ）

第1章　知らないと恥ずかしい表現16　　53

2つ目の文ではhurryとon footが使われています。「徒歩で急ぐ」という日本語には少し違和感がありますが、英語のon footは「乗り物を使わずに<u>自分の足で</u>」ということです。on footは必ず「徒歩」を表すわけではなく、「小走り」でもかまわないのです。この点で、walkとgo on footには意味の違いが生じることもあります。

　また、ほかの交通手段と比較するときにもon footを使います。

Do you go to school **on foot** or **by bike**?
（徒歩通学ですか、それとも自転車通学ですか？）

by footも使える？

　「徒歩で」と言うときはbyではなくonを使いますが、実はby footも会話では結構使われます。おもにアメリカ英語の使い方ですが、by carやby busと同じようにby footと言うのです。

　by foot以外にもby walkやby walkingという言い方もあります。by walkingは「歩くことによって」という意味を表しますから、文法的にも問題ありません。ただし、by walkはそれほど認められている表現ではありませんので、使わないほうがいいでしょう。

交通手段を示すときは前置詞と冠詞に注意する

　「車で」はby carですが、「自分の車で」と言いたいときは × by my carとは言えません。使用する具体的な車を意

識する場合は、

I came here **in my car**.
(自分の車で来ました)

in my car

のように前置詞はinを使います。「自分の車に乗って」という表現です。車ならin、自転車やバス、飛行機ならonを使って、その乗り物に乗っていることを表します。

I traveled around Hokkaido **on my bike**.
(自分の自転車で北海道を一周しました)

　byに続ける乗り物は「車」「バス」などを抽象的にとらえたもので、どの車とか、どこ行きのバスとか、具体的な乗り物の形を意識することはありません。したがって、**具体的な形をイメージさせる冠詞を付けることができない**のです。

　on footの場合も、footを抽象的にとらえているので無冠詞で単数です。「足」をイメージしてon my feetとすると、「立った状態で」という意味になります。

あなたの 新 常識　その10 [イディオム]

「徒歩で通学する」は、**go to school on foot**
ではなく**walk to school**と言うのが普通。

第1章　知らないと恥ずかしい表現16　　55

あなたの常識 その11 [イディオム]　

自己紹介で部活動について言うときは、I belong to the drama club. のように belong to を使う。

「私は演劇部に入っています」のように、入っている部活動のことを英語で言うとき、かなり多くの日本人は

I **belong to** the drama club.

のように belong to を使います。文法的に正しい文ですし、意味も伝わります。でも、自己紹介をするような場面でこう言うのは、不自然と言ってもいいくらい堅すぎる表現なのです。

belong to は所属先を言うときに使う

belong to は「〜に所属している」「〜の一員である」という意味を表します。日本語で「私は演劇部に所属しています」としても、日常会話で使う表現にしては仰々しく感じられます。

また、「〜の一員である」をそのまま英語にして **I'm a member of** the drama club. とすることもできますが、これもまだまだ硬い表現です。

では、どう言えばいいかと言うと、意外に簡単です。

I'm in the drama club.

これで「私は演劇部に入っています」という意味を表すことができるのです。

運動部なら team を使うこともある

「テニス部」のような運動系の部活動の場合は、clubの代わりにteamを使って、

I'm on the tennis team.

とすることができます。特にアメリカの学校では、他校と試合をするような部活動はteamと呼びます。スポーツを楽しむことが主目的の部活動や、演劇部や美術部のような文化系の部活動はclubです。なお、日本の大学では「サークル」と呼ぶことがありますが、学校の部活動をcircleと呼ぶことは英語ではありません。

teamを使う場合、アメリカ英語では前置詞はonを、イギリス英語ではinを使います（I'm in the tennis team.）。また、運動部の場合はplayを使って、

I play for the school basketball team.
（私は学校のバスケ部でプレーしています）

というような言い方をすることもできます。

第1章　知らないと恥ずかしい表現16　　57

belong to を適切に使う

　belong to を使うのは、「**(団体や組織)に所属している**」と言う場合です。

I belong to the Rotary Club.
(私はロータリークラブに所属しています)

政党やNGOなどに所属していることも belong to で表すことができます。

　belong to は「〜の所有物である」という意味で使うこともよくあります。

Does this baggage belong to you?
(この荷物はあなたのものですか?)

場面に合う表現とは?

　belong to のように、使う場面に気を配りたい表現はいくつかあります。

　たとえば、「学校を休む」と言うときに be absent from school という表現を覚えている人は多いと思いますが、日常会話では堅苦しく感じられます。この場合は動詞 miss を使って、I missed school yesterday. (昨日、学校を休みました) とすれば簡単です。

　また、「叱る」を表す scold という動詞は、親や教師が子どもを叱るときに使う動詞ですし、scold は現代英語では使わないという人もいます。アメリカ英語では scold の代わり

にyell atを使って、The teacher yelled at us.（先生が私たち
を叱った）のようにします。このyell atは「〜を大声で叱
る」ことを表します。イギリス英語では「叱る」と言うときに、
tell offを使うことが多いようです。叱る相手を代名詞で示
す場合はThe teacher told us off.という語順になります。

自己紹介で気をつけたい表現

　「主婦です」と言うときにhousewifeを使うことが今でも
ありますが、女性限定のこの表現を嫌う人もいます。
housewifeの代わりに使われるのは、homemakerやhome
managerです。また、stay-at-home momと言う人もいます。

　また、自分の趣味を言うときにMy hobby is taking
pictures.という表現を使いますが、英語のhobbyは日本語
の「趣味」とは少しニュアンスが異なります。英語の
hobbyは時間や労力をかけてすることを言います。「写真
を撮ることが趣味だ」と言うときは、カメラや撮影に関し
てかなりの知識があることになるわけです。そうでなけれ
ば、I like taking pictures.（写真を撮ることが好きです）と
言えばよいのです。

> あなたの 新 常識　その11［イディオム］
>
> **belong to**は部活動について使うには硬い表
> 現なので、**I'm in the drama club.**や**I'm
> on the tennis team.**のようにする。

第1章　知らないと恥ずかしい表現16　　59

あなたの常識 その12 [助動詞]

「〜したほうがいい」と助言するときは、had betterを使ってYou'd better ...と言えばよい。

had betterは、「〜したほうがいい」「〜すべきだ」という助言をするときに使う表現です。体調が見るからに悪くて仕事にならない、そんな同僚や部下に対しては、

You'd better go home.（帰ったほうがいいよ）

と言うことができます（You'dはYou hadの縮約形で、had betterの後には動詞の原形を続けます）。でも、上司に対してこう言ってはいけません。You'd better go home. は、**「帰らなきゃだめだよ」**というニュアンスで使う表現だからです。

had betterは「〜しないとだめだ」を表す

had betterを「〜したほうがいい」という日本語にすると、「少しやさしい助言」という感じがします。betterが比較級なので「〜のほうが」となっていますが、何かと比較して言っているわけではありません。昔は「…よりも」という比較対象を示す文で使われていたのですが、現代では**「〜しないとだめだ」**という意味で使われているのです。

助言する相手に直接You'd better ... と言うのは、「そうしないと何かよくない事態に陥ってしまう」と思っている場合です。したがって、You'd better ... には「そうしないとだめだ」「そうしなさい」という**警告や命令**のニュアンスが生じます。

You'd better cut down on your drinking.
（お酒は減らさなければだめですよ）

　したがって，目上の人にYou'd better ... と言うのは基本的にありえない、ということなのです。
　なお、I'd better ... やWe'd better ... のように自分や自分たちのことについて言うときは、「〜しないといけないな」くらいの意味になります。

should は「〜すべきだ」を表す

　相手に助言するときは、助動詞shouldも使えます。

You should go home.

shouldは「そうするのが当然だ」と思っているときに使う表現です。shouldが「〜すべきだ」という日本語になるのもこのためです。
　had betterは「〜したほうがいい」、shouldは「〜すべきだ」と覚えていると、「すべきだ」を表すshouldのほうが強い表現のような感じがします。でも実際は、had better

第1章　知らないと恥ずかしい表現16　　61

はshould よりも must に近い表現なのです。

had better に否定の意味を続ける

　had better を使って「〜してはだめだ」と言うこともできます。had better に not を続けて〈had better not ＋動詞の原形〉とすることで、「そうすべきではない」「するとよくない事態になる」という強い意味を表します。ひどいかぜをひいて熱がある人に、

You'd better not go to work today.
（今日は仕事に行っちゃだめだよ）

と助言するわけです。「行かないほうがいいよ」というより「行っちゃだめだよ」というニュアンスです。「仕事に行ったら具合いが悪くなるよ」と思って言っているのです。

助言するときには表現を使い分ける

　助言するときは、そのときの状況や相手に対してその表現が適当かどうかを考える必要があります。
　同僚や部下、親しい相手には had better を使って、次のように言うことができます。

You'd better leave early. （早く帰らなきゃだめだよ）

口語では、You better ... のように had を省略したり、Better go home now.（今すぐ帰ったほうがいいよ）のように主語

62

を省略したりすることもあります。

　shouldならhad betterほど強いニュアンスは出ません
が、I thinkをつけることで表現をやわらげることができ
ます（had betterの場合もI think you'd better ... とするこ
とができます）。

I think you **should leave** early.

　maybeを使って、Maybe you should ... としたり、I think
maybe you should ... とすることもできます。
　もっとていねいな言い方で助言をしたい場合には、こん
な表現もあります。

It would be better for you to leave early.
I'd recommend you leave early.
（早く帰ったほうがいいですよ）

　相手にいやな感じを与えないようにさりげなく助言をす
る、そんな表現を身につけておきたいですね。

あなたの 新 常識　その12［助動詞］

You'd better ... は「〜しないとだめだ」という
強いニュアンスを持つので、目上の人に使って
はいけない。

第1章　知らないと恥ずかしい表現16　　63

あなたの常識　その13 [助動詞]　

willは「〜だろう」という意味で、そうなることに確信が持てないときに使う。

未来のことを表すときに助動詞willを使うと、

He **will be** promoted.（彼は昇進するだろう）

のような文をつくることができます。日本語ではwillを「〜だろう」と訳すのが一般的ですが、日本語の「だろう」とwillには、ニュアンスの違いがあります。「だろう」の「う」は推量の助動詞ですから、「だろう」は確かとは言えない予想を表します。一方、willは「予想」と言うよりも「予言」に近く、**「きっとそうなる」という話し手の判断**を表します。したがって、He will be promoted. は「彼は昇進するだろう」と言うよりも、「彼は（きっと）昇進するよ」という意味を伝えているのです。

will は「きっとそうなる」を表す

　willを使って未来のことを表す場合、主語が代名詞なら口語ではI'llのような形にするのが一般的です。

I'll miss you.（さみしくなるよ）

missは「〜がいないのでさみしく思う」という意味を表しています。しばらく会えなくなる人に対して言う表現です。

He'll be back in ten minutes.
（彼は10分後に戻ります）

この文の場合、「彼は10分後に戻る」と話し手が思っていることになります。
　まだwillは「〜だろう」という予想の意味だと思う人は、次の文を見てください。

My daughter **will graduate** from college next year.
（娘は来年、大学を卒業します）
My father **will be** eighty next month.
（父は来月で80歳になります）

「卒業するだろう」「80歳になるだろう」では不自然ですね。これらの文の場合は、**このまま何もなければ間違いなくそうなる**ことを表しています。
　willを使って否定の意味を表したいときはwill notを使います。will notの縮約形はwon'tで、発音は[wount]です。

We **won't be** in time for the concert.
（コンサートには間に合わないよ）

第1章　知らないと恥ずかしい表現16

確信が持てないときは probably を使う

「たぶん〜だろう」と言いたいときは、

She'll **probably** come. (彼女はたぶん来るだろう)

のように probably を使います。これで「きっと」のニュアンスを「たぶん」にすることができます。否定文なら She **probably won't come.** (彼女はたぶん来ないだろう) という語順です。She'll come. と言うと、「どうして彼女が来るってわかるんだ？」「何か確証があるのか？」と思われてしまいます。

I think を使う方法もあります。

I think they'll **be** on our side.
(彼らは私たちの味方になると思います)

「そうならないと思う」と言うときは、**I don't think** they'**ll be** on our side. です。

また、天気予報で気象予報士が、

It **will rain** tomorrow. (明日は雨でしょう)

と言うのは、それなりの確信があるからです。そうでなければ、It'll probably rain tomorrow. とか、I think it'll rain tomorrow. とします。

will を使って主語の意志を表す

willを一人称（Iとwe）の主語で使うと、**主語の意志**を表すことができます。

I'll call you later. （あとで電話します）

自分のことですから予言でも予想でもなく、「きっとそうする」という意志になります。否定の意味ならwill not [won't] を使います。

We won't agree to his request.
（私たちは彼の要求には応じません）

主語が三人称や無生物のときにwon'tを使うと、「どうしても〜しようとしない」という意味を表すことができます（この場合、話すときはwon'tを強く発音します）。

My cat won't eat anything.
（うちのネコは何も食べようとしません）

The door won't open. （ドアがどうしても開きません）

あなたの**新**常識　その13 [助動詞]

willは未来のことについて、「きっとそうなる」と思っている場合に使う。

第1章　知らないと恥ずかしい表現16　　67

あなたの常識　その14 [助動詞]　　　

未来のことについて「〜するつもりだ」と言うときは、**I will ...** と **I'm going to ...** のどちらを使ってもよい。

「明日、病院に彼のお見舞いに行きます」と言うときは、will と be going to を使って、

I'll visit him in the hospital tomorrow.
I'm going to visit him in the hospital tomorrow.

とすることができます。でも、この2つの文は同じ意味ではありません。「見舞いに行く」ことを数日前に決めていたのであれば、I'm going to visit him ... と言います。I'll visit him ... とは言えないのです。

will と be going to の違いは？

will を使うと「〜する」という主語の意志を表すことができます。I'll visit him in the hospital tomorrow. は、「彼の見舞いに行く」という「私」の意志を表していることになります。

be going to を使うのは「そうすると決めている」場合です。will との決定的な違いはここにあります。**すでにそうすると決めている場合であれば、will ではなく be going to**

を使わなければならないのです。

　willの意味を「〜するつもりだ」と覚えていると、be going toとの区別がつかなくなります。I'll ... は「〜する」「〜します」と、その時点で思ったことを表す表現です。すでに決めていたことには使えないのです。

なぜ be going to は決めていることを表すのか

　be going toのgoingは、動詞goのing形です。goは「行く」という空間の移動を表しますが、「物事が進む」「時が過ぎる」という時間の経過を表すこともできます。be goingは進行形ですから、「何かに向かっている」という空間的な移動や時間的な移行を表しているのです。

　be going toのtoはもともと前置詞ですから、go to the park（公園に行く）のように到達点を示します。toに動詞の原形を続けることで、「〜する」を到達点として示しているのです。

　したがって、be going toが表すのは「〜することに向かっている」ということになります。be going to visit himなら「彼の見舞いに行くことに向かっている」ということです。「向かっている」ということは、すでにそうすると決めているということです。「見舞いに行くことは決めてあって、そうするつもりだ」という意味を be going to visit him は表しているのです。

　「〜することに向かっている」という本来的な意味は次第に薄れていって、19世紀後半には「〜するつもりだ」という意味を表す助動詞としての使い方が定着したのです。

「～しそうだ」をbe going toで表す

be going toの「～することに向かっている」という意味から、次のような文をつくることができます。

It's going to rain. (雨が降りそうだ)

「雨が降ることに向かっている」ということから、「雨が降りそうだ」という意味で使われています。ここでもwillとbe going toには大きな差があります。willを使うのは「きっとそうなる」と思っている場合ですから、It will rain tomorrow.は気象予報士のような人が使う表現になります。一方、It's going to rain.は、いかにも雨が降りそうな空模様を見たときに使います。be going toは、**そうなりそうな兆候があるときに**、**「～しそうだ」**という意味で使うのです。

be going toを「（年齢が）～歳になる」と言うときに使うこともあります。

I'm going to be forty next month.

この文からは、「40歳になっちゃうよ～」のような、その年齢になることへの何らかの思いが伝わってきます。「40歳に向かっている」という現状を伝えているからです。I will be forty next month.の場合は、「このままいけば自然に40歳になる」と言っているだけです。

現在進行形で未来を表す

「〜に行くつもりだ」と言うときはbe going to go toとなってしまいますから、

I'm going to the beach tomorrow.

のように進行形で表現するのが普通です。comeの場合もI'm coming to ...のようにします。

このように現在進行形で未来のことを表すこともできますが、その場合は未来のいつなのかを示す必要があります。そうでないと「しているところ」なのか「(これから)する」なのかわからなくなるからです。また、

I'm visiting him in the hospital tomorrow.

と言うときは、何らかの準備をしていることが伝わります。I'm going to visit him ...の場合は「見舞いに行くと決めている」ことしか伝わらないのです。

あなたの **新** 常識　その14［助動詞］

willは「〜します」というその時点での意志を、
be going toは「〜するつもりでいる」というすでに決めたことを表す。

第1章　知らないと恥ずかしい表現16　　71

あなたの常識 その15 [助動詞]

「しなければならない」を表す must と have to は、どちらを使ってもよい。

「しなければならない」という意味を表すときは、助動詞の must か have to を使います。

You **must** apologize to her.
You **have to** apologize to her.

どちらも「あなたは彼女に謝らなければなりません」という意味です。では、どちらでもいいのかと言うと、そういうわけではありません。実は、**「しなければならない」という意味で must を使うことは日常会話ではほとんどなく、have to を使うことが圧倒的に多いのです。**

must は強い気持ちを伝える

mustは、「しなければならない」という話者が抱いている義務感を表します。したがって、

I **must** finish this report by tomorrow.
(明日までにこの報告書を仕上げなければならない)

のようにmustを使うと、「どうしてもしなければならない」という話者の強い思いが伝わります。

相手に向かってYou **must** finish ... と言うと、その人に対して「しなければならない」という義務感を押しつけることになります。それによって「そうしなさい」という**強制や命令のニュアンスが出てしまう**のです。また、

Drivers **must** wear a seat belt.
（運転者はシートベルトをしなければならない）

のように主語が一般の人の場合は、法律や規則などで義務づけられていることを伝えることになります。

日常会話では、このような強い思いはあまり出したくないものです。have toは話者の主観的な強い思いではなく、**客観的に「そうしなければならない」状況に置かれている**ことを表します。会話でhave toを使うことが多いのはこのためです。

mustを使って「ぜひそうしなさい」を表す

会話でmustを使うこともあります。

You **must** watch this movie.

親しい人にこう言うと、「この映画をぜひ観てくださいね」という意味になります。mustは話者の「しなければならない」という強い思いを伝えますか

第1章　知らないと恥ずかしい表現16　　73

ら、親しい人に You must ... と言うことで「ぜひそうして
ね」「絶対そうしなきゃ」という**提案や勧誘の意味を強く
伝える**ことができるのです。

have to の意味と使い方

ところで、どうして have to は「しなければならない」と
いう意味を表すのでしょうか。実は、

I have a book **to read.**（私には読むべき本がある）

という表現で使っていた have（「持っている」という動詞
です）と、名詞に続けて「〜すべき」という意味を表して
いた不定詞をくっつけて、

I have to read this book.
（私はこの本を読まなければなりません）

となったのです。have to で「しなければならない」を表す
助動詞として使われていますが、もともとは動詞の have
ですから、主語が三人称単数なら has to になります。発音
は have to は [hæftu]、has to は [hæstu] です。

have が動詞だった名残は次のような文に現れます。

Do I have to wait in line?（並んで待たなければなりませんか）
We **had to** cancel our trip to Korea.
（韓国への旅行をキャンセルしなければならなかった）

He **will have to** sell his car.

（彼は車を売らなければならなくなるだろう）

mustを疑問文で使うときはMust I ...?のようになりますが、have toはDo I have to ...?です。また、have toはmustと違って過去形で使ったり、willのような助動詞と組み合わせたりすることもできます。

must not と don't have to は意味が違う

mustとhave toを否定文で使うと、

You **must not** use your car.

（自分の車を使用してはならない）

You **don't have to** use your car.

（自分の車を使わなくてもよい）

のように意味が異なります。**must not**は「してはならない」という禁止の意味を、**don't have to**は「する必要はない」という不必要の意味を表すのです。

あ な た の 新 常 識　その15［助動詞］

会話で「しなければならない」と言うときは**have to**を使うのが一般的で、**must**を使うことはほとんどない。

第1章　知らないと恥ずかしい表現16　　75

あなたの常識　その16 [否定形]　　　

do notという否定形はdon'tと短くすることができ、どちらを使ってもよい。

　英語にはdon't (= do not) やisn't (= is not) のような縮約形 (contraction) と呼ばれる形があります (短縮形と呼ばれることもあります)。2語をぎゅっと縮めて1語にしただけですから、どちらを使ってもよさそうです。でも、don'tという縮約形を使った文と、do notを使った文が、まったく同じ意味を表すとは言えないのです。次の2つの文を比べてみましょう。

I **don't** like your attitude.
I **do not** like your attitude.

どちらも「私はあなたの態度が好きではない」ことを表しますが、do notを使った文では**notが強調される**ことにより、「嫌いだ」というニュアンスが生じてしまうのです。

会話では縮約形を使う

　縮約形にはdo notをdon'tにするような形と、I willをI'llにするような形があって、会話ではこのような縮約形を使うことがほとんどです。会話でdo notを使うのは否定の

意味を強く伝えたい場合で、notを強く発音することになります。

I willとI'llにも違いがあります。I'll do it.は「私がやりますよ」という意味ですが、I will do it.とwillを際立たせると、「私がやるんだから手を出さないで」というような**強い意志を伝える**ことになります。

なお、縮約形は会話や形式ばらない文書で使われる形ですから、ビジネス文書や学術的な論文のような正式な文書では使いません。

では、英語の縮約形を具体的に確認しておきましょう。

I am をI'mと縮約するパターン

人称代名詞とbe動詞の縮約形は、I'm、you're、we're、he's、she's、it'sのようになります。

助動詞のhaveやhasも縮約されて、I've、you've、we've、he's、she's、it'sのようになります。he'sやshe's、it'sは、be動詞の縮約形と同じです。過去形のhadも、I'd、you'dとなります。

また、助動詞のwillとwouldは、I'll、you'll、I'd、you'dという形で使われます。

ほかにも、what'sやhow's、there'sやhere'sのような縮約形があります。

What's new?（変わりはない？）
How's it going?（元気にしてる？）
There's nothing inside.（中には何もありません）

第1章　知らないと恥ずかしい表現16　　77

このような縮約形は、×Yes, I'm.（→Yes, I am.）や×I know what it's.（→I know what it is.）のように文の最後で使うことはできません。

do not を don't と縮約するパターン

　be動詞とnotの縮約形は、isn't、aren't、wasn't、weren't です。am notは縮約されませんが、これはamの語尾の[m]の音とnotの[n]の音がつながりにくいからです。

　助動詞のhaveやdoとnotの縮約形は、haven't、hasn't、hadn't、don't、doesn't、didn'tです。

　助動詞とnotの縮約形はcan't、wouldn't、couldn't、mustn't（発音は[mʌsnt]）のようになります。will notは won't（発音は[wount]）で、may notは縮約しません。

　canの否定形はcannotかcan'tですが、can notとする場合もあります。これはnotを際立たせたいときに使う特別な形です。ロンドンの地下鉄に、

For Safety Reasons, Windows Can Not Be Opened.
（安全上の理由から、窓を開けることはできません）

のような注意書きがあるのも、禁止の意味を強く伝えたいからです。

　will notの縮約形がwon'tになるのは、willと同じ意味で使われていたwolの名残です（12世紀ごろの話です）。このwolにnotを加えてwon'tとなり（lは脱落しています）、この形が今でも使われているのです。

78

なお、ain'tがam notやare not などの縮約形として使われることがありますが、非標準用法なので使わないほうがいいでしょう。

どちらの縮約形を使うか

　1つの文で2とおりの縮約形が使える場合もあります。たとえば、「彼女は幸せではない」と言うときは、

She's not happy. / She **isn't** happy.

という2つの形が可能です。この文のようにbe動詞を使う場合はShe's not ... という形のほうが好まれます。
　一方、haveやwillを使う場合は、

I **haven't** finished it. （まだそれを終えていません）
I **won't** eat out tonight. （今日は外食はしません）

のように、助動詞とnotの縮約形を使うほうが好まれるようです。

> あなたの 新 常識　その16［否定形］
>
> 会話では**don't**のような縮約形を使うのが一般的で、**do not**とすると否定の意味が強調される。

第1章　知らないと恥ずかしい表現16　　79

column1

あなたの常識

使わない表現 編

アメリカの人気テレビドラマ『SUITS』のシーズン1（エピソード12）に、こんなやりとりがあります。

Mike: Do I look dashing?
Jenny: Nobody says "dashing."
Mike: James Bond says "dashing."

dashingは「魅力的な」「かっこいい」という意味ですが、辞書には《やや古》という表記があります。「だれも言わないよ」「ジェームズ・ボンドなら言うよ」というやりとりはおもしろいですね。

教科書や参考書に載っていた表現の中にも、「今は言わない」「会話では言わない」ものもあります。いくつかあげておきましょう。

① **speak ill of ～**
「～の悪口を言う」という意味で覚えた人も多いはずです。今は say something bad about ～というような表現を使います。

② **make it a rule to do**
「～するのが常である」という意味ですが、堅苦しい表現です。always を使えば簡単です。

③ **be poor at ～**
「～が苦手だ」という意味ですが、be no good at ～や be not very good at ～を使うのが普通です。

常識レベル
★ ★

第 2 章

知っていて
当たり前の表現
20

あなたの常識　その17 [仮定法]

仮定法で「もし私が…なら」と言うときは、be動詞はwasではなくwereを使ってIf I were ...とする。

　現在の事実とは違うことや、そうなる可能性がなさそうなことを述べるときに、「仮定法」という動詞の形を使います。動詞の過去形を使うことから「仮定法過去」と呼ばれていますが、表すのは過去のことではありません。仮定法過去ではbe動詞は主語が何であってもwereを使いますから、

If I **were** with you, I would be happy.
(君と一緒にいたら、うれしいのになあ)

という文をつくることができます。でも、現代英語ではwereではなくwasを使うことも多いのです。

If I **was** with you, I would be happy.

なぜ仮定法では過去形を使うのか

　現実ではないことや、現実の世界では起こりそうもない**想像の世界のこと**を述べるときに、仮定法過去を使います。

82

If you **were** here, I would be so happy.
(もしあなたがここにいたら、私はとてもうれしいのに)

　この文の場合、現実には「あなたはここにいない」ことがわかりますし、

If you **won** the lottery, what would you do?
(もし宝くじに当たったら、どうしますか)

の場合は、「宝くじに当たる」のは起こりそうもないことだと思っていることがわかります（可能性があるかないかはその人の判断次第です）。
　どうして想像の世界の話をするときに過去形を使うのかと言うと、「距離感」が共通しているからです。現在と過去には時間的な距離がありますし、現実と想像にも意識的な距離があります。時間的な距離を示す過去形を、意識的な距離を示す仮定法でも使っているのです。

なぜ仮定法ではI wereとなるのか

　仮定法過去で動詞の過去形を使うのであれば、主語が

Iならwereではなくwasを使うのが正しいのではないでしょうか。

　実は、動詞の過去形と仮定法過去の形はもともと別で、「仮定法過去では動詞の過去形を使う」のではなく、「仮定法では仮定法の形を使う」が正しいのです。仮定法では人称に関係なく同じ形を使っていて、中英語と呼ばれる時代（1100-1500年頃）に仮定法過去のbe動詞はwereになりました。そして、それが現代に続いているのです。したがって、If I **were** with you, I would be happy. が文法的に正しい文ということになります。

　ではなぜ、If I **was** with you, I would be happy. という正しくない形が普通に使われるようになってきたのかと言うと、be動詞以外の動詞の仮定法過去が、直説法（現実の世界の話をするときの動詞の形のことです）の過去形と同じ形だからです。これによって「仮定法過去は動詞の過去形」という意識が強くなり、be動詞も直説法の過去形と同じでいいのでは、つまり、主語がIならwasでいいのでは、となったのです。

　仮定法でIf I was ... とするのはおもに話し言葉です。また、if I were you（私があなたなら）は定型表現になっているため、話し言葉でもif I was youとすることはほとんどありません。

　仮定法過去でwasを使うのは主語がIのときだけではなく、if my grandfather was still alive（祖父がまだ生きていたら…）のように、直説法でwasを使う三人称単数の場合にも当てはまります。また、if it were not for ... （もし…が

84

なければ）という表現でも、if it wasn't for ... とすることが多いようです。

Were I ... で「もし私が…なら」を表す

If I were ... という仮定をするときに、if を使わず、

Were I with you, I would be happy.

とすることがあります。この場合、if がないので仮定法のwere を使う必要があります。Were I ... と続けることで仮定法であることがわかるからです（× Was I ... では仮定法になりません）。

このような形にできるのは仮定法過去では were を使う場合だけです。一般動詞を使う If I won the lottery, I would ... のような文では、× Won I ... とすることも × Did I win ... とすることもできません。

なお、Were I ... という語順は書き言葉で使われる堅苦しい表現なので、話すときに使うことはありません。

あなたの 新 常識 その17［仮定法］

仮定法過去で使う**be**動詞は、主語が**I**や三人称単数であれば**were**の代わりに**was**を使うことが多い。

第2章　知っていて当たり前の表現20　　85

あなたの常識 その18 [関係代名詞]

> 関係代名詞を使って名詞に説明を加えるときは、その名詞（先行詞）が人以外であればwhichを使う。

関係代名詞は先行詞が人ならwho、人以外ならwhichを使い、thatはどちらでも使うことができる、こう覚えている人が多いのではないでしょうか。

The movie **which** won the top prize was superb.
(最優秀賞をとった映画はすばらしかった)

この文ではwhichはthe movieを先行詞とする関係代名詞で、which won the top prizeという節の中で主語のはたらきをしています。もちろん文法的にも正しく、意味も伝わります。でも、現代英語ではこの場合、**whichよりもthatを使うことが多く、whichは使わない**と言うネイティブ・スピーカーもいるのです。

関係代名詞はどう使うのか

関係代名詞は [**名詞** ☞ **説明**] という意味のまとまりをつくるときに、説明を始める合図として使います。

[the movie 🗝 **which** won the top prize]
(最優秀賞をとった映画)

the movieにwhich won the top prizeという説明を加えることで、「映画」から「最優秀賞をとった映画」と、**意味を限定**しています。
関係代名詞のwhoとwhichはもともと疑問代名詞なので、「だれ？」「どれ？」を説明するときに使います。

[the person 🗝 **who**（だれ？）won the contest]
(そのコンテストで優勝した人)
[the book 🗝 **which**（どれ？）I bought yesterday]
(私が昨日買った本)

thatはもともと指示代名詞ですから、「それは」という感覚です。人でも人以外でも指し示すことができます。

[the car 🗝 **that**（それは）caused the accident]
(その事故を起こした車)

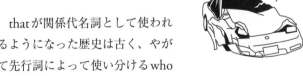

thatが関係代名詞として使われるようになった歴史は古く、やがて先行詞によって使い分けるwhoとwhichが使われるようになりました。この「使い分ける」という感覚がフォーマルなイメージに結びつくため、記事や学術書のような文書ではthatよりもwhoやwhich

が好まれます。一般の会話では堅苦しくする必要はありませんから、使い分け不要のthatがよく使われるのです。実際には、人以外のものが先行詞の場合はwhichよりもthatを使うのが一般的で、人が先行詞の場合はwhoとthatのどちらも使われます。

目的格の関係代名詞は使わない

the book **that** I recommend（私が推薦する本）の場合、関係代名詞は説明を加えるthat I recommendという節の中で、動詞recommendの目的語のはたらきをしています（I recommend the book. ということです）。目的語のはたらきをする関係代名詞は「目的格」と呼ばれますが（主語の場合は「主格」です）、この場合は関係代名詞を使わずthe book I recommendとするのが一般的です。名詞に〈主語＋動詞〉が直接続くことで、関係代名詞がなくてもその名詞に説明を加えることがはっきりわかるからです。

前置詞の後ならwhichを使う

関係代名詞が前置詞の目的語のはたらきをすることもあります。the house **that** I live <u>in</u>（私が住んでいる家）のような場合です（I live in the house. となります）。この場合もthe house I live inとすれば簡単です。

前置詞を関係代名詞の前にもってくることもできますが、前置詞の後ではthatを使うことはできません。したがって、the house in which I liveというかなり堅苦しい表現になってしまいます。

which を非限定用法で使う

　thatではなくwhichでなければならない場合もあります。先行詞である名詞に**説明を補足する**場合です。

Mars, **which** is the fourth planet from the sun, has two moons.
(火星は、太陽から4番目の惑星で、2つの衛星があります)

　関係代名詞の前にコンマを入れて、補足説明であることを示しています。この文ではMarsについてwhich is the fourth planet from the sunという補足説明をしています。コンマなしで続けてしまうと、「太陽から4番目の惑星の火星」となって、ほかにも「火星」が存在するようなニュアンスになってしまいます。

　人についての補足説明はwhoを使います。

My father, **who** is in Taiwan now, will be back soon.
(私の父は、今は台湾にいるんですが、もうすぐ戻ってきます)

あ な た の **新** 常 識　その18［関係代名詞］

関係代名詞を使って名詞に説明を加えるとき、先行詞が人以外であれば**which**よりも**that**を使うことが多い。

第2章　知っていて当たり前の表現20　　89

あなたの常識 その19 [分詞]　　　　　　　　★★

> 分詞だけで名詞を修飾するときは〈分詞＋名詞〉の語順なので、「たばこを吸っている男」は **a smoking man** とする。

　分詞は形容詞のように名詞を修飾することができます。分詞だけなら boiling water（沸騰しているお湯）のように〈分詞＋名詞〉の語順にできますから、「たばこを吸っている男」も a smoking man でよさそうです。

　でも、a smoking man を「たばこを吸っている男」という意味で使うことはできません。「勉強している学生」「走っている少女」も同じで、a studying student とか a running girl とは言えないのです。

　では「たばこを吸っている男」はどう表現するのかと言うと、分詞を名詞の後に続けて a man **smoking** とすればよいのです。

〈分詞＋名詞〉が表す意味は？

　a smoking man はダメだと言われても、この表現を見たことがある、という人もいるのではないでしょうか。『X-ファイル (The X-Files)』というアメリカの人気テレビドラマにも、the Cigarette Smoking Man と呼ばれる登場人物がいます。この the Cigarette Smoking Man はどういう意味で使われているのでしょう。

実は、the Cigarette Smoking Manは、「たばこを吸っている男」ではなく、「**いつも**たばこを吸っている男」という意味で使われています。いつもたばこを吸っているため、ドラマの中でこう呼ばれているのです。たばこを吸い過ぎていることから、the Cancer Manとも呼ばれています。たばこの吸い過ぎが肺がんを連想させるからでしょう。たばこを吸っているだけならthe Cancer Manとまでは呼ばれませんね。

　分詞を名詞の前で使うと、その名詞が表す人やものの**特徴づけをする**ことになります。この人はこういう人だよ、これはこういうものだよ、と、その人やものが持っている性質や特徴を〈分詞＋名詞〉で伝えるのです。a smoking manなら「いつもたばこを吸っている人」、a barking dogなら「いつもほえている犬」という意味です。Barking dogs seldom bite. ということわざがありますが、これは「よくほえる犬はめったにかまない」という意味です。

a smoking man

　分詞を名詞の後に続けると、その名詞が表す人やものの**一時的な状況を説明として加える**ことになります。a man smokingなら「たばこを吸っている人」、a dog barkingなら「ほえている犬」という意味です。いつもそうしているかどうかは問題ではなく、その時点でその行為をし

a man smoking

ていることを伝えるだけです。

すでにたばこを吸っている人が話題になっていて、ほかの人と区別する意味でthat smoking man（たばこを吸っているあの人）のように言うことはできます。この場合は、一時的であってもその人の特徴づけをしていることになりますから、名詞の前で分詞を使うことができるのです。

形容詞も名詞の後で使うことができる

形容詞も表す意味によっては名詞の後で使うことがあります。

a **responsible** person（信頼できる人）
a person **responsible**（責任がある人）

the **present** members（現在の会員）
the members **present**（出席している会員）

どちらも、その人の特徴づけをしているか、その時点での状況を表しているかで形容詞の位置が変わるのです。

過去分詞も名詞を修飾する

分詞には現在分詞と過去分詞があって、現在分詞は「〜している」「〜する」という**能動の意味**、過去分詞は「〜された」「〜されている」という**受動の意味**で名詞を修飾します。

過去分詞を名詞の前で使うと、a used car（中古車）、a

stolen bike（盗難自転車）のように、どういう特徴がある
のかを過去分詞で表すことになります。

　自動詞の過去分詞の場合は受動の意味ではなく、「～し
た」という完了の意味を表します。fallen leavesなら「落ち
た葉」で、「落ち葉」を表しているのです。

　過去分詞も、一時的な状況を表す場合は名詞の後に続け
ます。

the issue **discussed**（議論されている問題）
the people **asked**（尋ねられた人々）

分詞句や形容詞句を名詞に続ける

　名詞を修飾するのが分詞や形容詞だけでなく、後に語句
が続いて句になっている場合は名詞の後に続けることにな
ります。

the cat **sleeping** on the sofa（ソファーで寝ているネコ）
the car **stolen** from the garage（車庫から盗まれた車）
a star **visible** to the naked eye（肉眼で見える星）

あなたの **新** 常識　その19［分詞］

名詞の前で分詞を使うと、その名詞の特徴づ
けをすることになるので、一時的なことなら名
詞の後に分詞を続ける。

第2章　知っていて当たり前の表現20　　93

あなたの常識　その20［文型（第4文型）］　★★

He taught me English. と He taught English to me. は同じ意味だ。

He taught me English. と He taught English to me. は、どちらも「彼は私に英語を教えた」ことを表しています。でも、この2つの文が同じ意味なのかと言うと、まったく同じとは言えません。He taught me English. は「私に**何を**教えたのか」、He taught English to me. は「英語を**だれに**教えたのか」を伝える文なのです。

また、He taught me English. からは「彼は私に英語を教えて、私は英語をある程度身につけた」ことが伝わりますが、He taught English to me. のほうは「彼は私に英語を教えた」ことを意味するだけで、「私」が英語を身につけたかどうかまではわからないのです。

目的語を2つ続けて SVOO の文をつくる

teachのように目的語を2つ続ける動詞は、He taught me English. のような SVOO の文型をつくります。この文型をつくる動詞は、次の2つのグループに分けることができます。

①「**だれかに何かを与える**」ことを表す動詞

このグループには「与える」ことを表すgive（与える）、

94

pass（手渡す）、lend（貸す）、sell（売る）、pay（支払う）、「伝える」ことを表すteach（教える）、tell（話す）、show（見せる）、「送る」ことを表すsend（送る）、mail（郵送する）などがあります。

②「だれかに何かをしてあげる」ことを表す動詞

このグループには「作る」ことを表すmake（作る）、cook（料理する）、「手に入れる」ことを表すbuy（買う）、get（手に入れる）、「手に入れるためにする」ことを表すfind（見つける）、choose（選ぶ）、order（注文する）などがあります。

この2つのグループの動詞を使ってSVOOの文をつくると、次のようになります。

My father **gave** me his Rolex.
（父は自分のロレックスを私にくれた）
My wife **bought** me a Rolex.
（妻が私にロレックスを買ってくれた）

どちらの文も「私がロレックスを所有している」ことをイメージすることができます。SVOOの文型を使うと、**ものや情報などが相手に渡る**ことを表すことができるのです。

前置詞を使って語順を変える

SVOOの文型をつくる動詞は、「だれに」の部分をうしろにまわすことができます。

My father gave his Rolex **to** my brother.
(父は自分のロレックスを弟にあげた)

グループ①の動詞の場合は、「だれ」の前に前置詞toを使います。toは**到達点**を示しますから、ものや情報などをだれに届けるのかを意識することになります。

My wife bought a Rolex **for** someone.
(妻はロレックスをだれかのために買った)

グループ②の動詞の場合は、前置詞forを使います。forは**方向**を示しますから、だれのためにするのかを意識することになります。

グループ①の動詞とグループ②の動詞の違いは、**動詞が表す行為に相手が必要かどうか**ということです。「与える」という行為には「だれに」が必要ですが、「買う」という行為自体に「だれに」は必要ありません。bought a Rolex for someoneは、「だれかのために買った」ことを表しますが、相手に渡るかどうかまでは伝えていないのです。

グループ①の動詞でも、相手にものや情報が渡るところまで伝えない場合もあります。He sent me his photos. では、「私」のところに写真が届いたことがわかりますが、He sent his photos to me. だと、「私に送った」というだけ

で、届いたかどうかまではわかりません。He taught me English. と He taught English to me. も同じで、He taught English to me. だと、「私」が英語を身につけたかどうかはわからないのです。

伝えたいことは文末に

英語には、**伝えたい重要な情報や新しい情報は文末に**という**文末焦点の原則**があります。My father gave me his Rolex. の場合は his Rolex が、My father gave his Rolex to my brother. の場合は to my brother が伝えたい情報です。「私じゃなく弟にあげたんだよぉ」と言いたいときは、My father gave his Rolex to my brother. です。My wife bought a Rolex for someone. とするのも、「だれかのために」を強調して伝えたいからです。どちらも気持ちが伝わってきますね。

また、「父のロレックス」について話している状況であれば、his Rolex を it で表して He gave it to me. とします。it は話し手も聞き手もわかっている情報（既知情報）なので先に出し、to me は新情報としてその後に続けるのです。

あなたの 新 常識　その20［文型（第4文型）］

He taught me English. は「英語を」、**He taught English to me.** は「私に」を伝える表現で、表す意味にも違いが生じる。

第2章　知っていて当たり前の表現20　　97

あなたの常識　その21［比較］　　　★★

「私は彼より2歳年上だ」は、**senior**を
使って **I'm senior to him by two years.**
で表すことができる。

　seniorを「年上の」という意味の形容詞として使って、
I'm senior to him by two years. や I'm two years senior to
him. とすれば「私は彼より2歳年上だ」という意味を表す
ことができる、そう覚えていませんか？　実際、このよう
な文を載せている参考書がありましたから無理もありませ
ん。でも、現代英語では年齢差を be senior [junior] to で
表すことはほとんどありません。では、どうするのかと言
うと、簡単です。olderやyoungerを使えばよいのです。

I'm **older than** him by two years.
（私は2歳、彼よりも年上だ）

I'm two years **younger than** him.
（私は彼よりも2歳年下だ）

senior と junior は何を表すのか

　seniorとjuniorは、**職場などでの地位や勤務年数による
経験の程度、それに伴う職責の重さ**を表すときに使いま
す。He is senior to me. と言えば、「彼は私よりも職場での
地位が高い」「彼は私よりも勤務年数が長く重い職責を

担っている」ことを表します。この場合、「彼」と「私」の年齢は問題にしていませんから、He is younger than me.（彼は私よりも若い）という文と一緒に使うことができます。

　seniorとjuniorで年齢の上下を表すことがないのかと言うと、そうでもありません。be senior [junior] toのように形容詞として使うことはほとんどありませんが、seniorとjuniorを名詞として使って、

He is three years my senior. （彼は3歳私の年上だ）
I am two years his junior. （私は2歳彼の年下だ）

とすることはあります。それでも、olderやyoungerを使うのが一般的です。

　seniorとjuniorを年齢区分に使うこともあります。たとえば、フィギュアスケートの国際大会には「ノービス」「ジュニア」「シニア」という年齢区分があります。「ノービス（Novice）」は10歳から13歳まで、「ジュニア」は13歳から18歳まで、「シニア」は15歳以上となっています（「ジュニア」と「シニア」の年齢が重なっているのは、選手が移行する時期を選べるからだそうです）。「シニア」と言うと「高齢者」をイメージしがちですが、「大人（の）」「年長者（の）」という意味でも使われるのです。

　もちろん、seniorが「高齢者（の）」という意味で使われることもあります。senior citizensは「高齢者」、senior travelersは「高齢の旅行者」のことです。ちなみに、プロゴルフツアーでの「シニア」は50歳以上のプロゴルファー

第2章　知っていて当たり前の表現20　　99

になります。

　法律事務所が舞台のアメリカのテレビ番組にはsenior partnerという用語がよく出てきますが、このsenior partnerは、その事務所に出資し、経営にも参画する弁護士のことを言います。その事務所のトップ弁護士、といったところでしょう。ちなみに、事務所名に名字が入っている弁護士はname partnerと呼ばれています。

「先輩」と「後輩」は何て言う？

　seniorとjuniorを、「先輩」「後輩」と結び付ける人も多いようです。でも、この英語と日本語はそのまま対応するわけではありません。英語圏の文化をもつ人々には「先輩」「後輩」という感覚がないからです。My seniors are all kind.としても「私の先輩たちはみんな親切だ」という意味で伝わるとは限りません。seniorがどういう人を指しているのかあいまいだからです。また、日本では「先輩！」と呼びかけることがありますが、英語で"My senior!"と呼びかけることはありません（そう言えば、「先輩！」と呼びかけることはあっても「後輩！」と呼びかけることはありませんね。これは「先輩」が「先生」と同じように敬称として使われているからです）。

　「学校の先輩」という意味でseniorを使うのには無理がありますが、「会社の先輩」という意味でseniorを使うことはできます（それでも、役職名か、上司であればbossと呼ぶのが普通です）。会社であっても学校であっても、英語圏の人たちは年齢の上下を気にしませんから、会社であ

れば「同僚」という意味のcolleagueやco-workerを使いますし、学校であればfriendです。a friend one grade ahead of meとかa friend one grade above meとすれば「1学年上の友人」となって「先輩」であることを説明することができます（a friend one year older than meという言い方もできます）。「後輩」ならbehindやbelowを使えば、学年や年齢が下であることを示すことができます。でも、年齢の上下関係にはこだわらず、名前で呼ぶのが最も自然なのです。

　最近では、外国の人が日本語のままsenpai、kohaiと言うこともあるようです。日本に住んだことのある人や、漫画やアニメなどで日本の文化の影響を受けた人がそのまま使っているのです。ただ、senpai、kohaiが日本語の意味を正確に伝えているかと言うと、そうでもないようです。一部の漫画やアニメファンには、senpaiとkohaiを、自分の好きな作品に出てくる「先輩」「後輩」のイメージで使う人がいるからです。

あなたの 新 常識　その21［比較］

形容詞のseniorは「年上の」という意味ではなく、職場での地位や立場が上であること表すときに使うのが普通。

第2章　知っていて当たり前の表現20　　101

あなたの常識　その22 [助動詞]　★★

過去の習慣について「よく〜したものだ」と言うときは、used to と would のどちらを使っても同じ意味になる。

「父とはよく釣りに行ったものだ」と、過去に何度もしていたことを表すときに、used to と would often という表現を使うことができます。

I **used to go** fishing with my father.
I **would often go** fishing with my father.

この2つの表現がまったく同じ意味を表しているのかというと、そうではありません。「今でもたまに父と釣りに行く」のであれば、used to という表現は使えないのです。

used to は今はしていない過去の習慣を表す

used to は「昔はよく〜したものだ」という意味で、過去に習慣のようにしていたことを伝えるときに使います。発音は [júːstə] [júːstu] で、used to の後には動詞の原形を続けます。

used to を使うのは、**その行為を今はもうしていない**という場合です。したがって、I used to go fishing with my father. と言うときは、「今はもう父と釣りに行くことはな

102

い」という含みがあるのです。

wouldには過去を懐かしむ気持ちが込められる

wouldもoftenのような副詞を伴って、「昔はよく〜したものだ」という意味を表します。でも、used toのような「今はもうしていない」という含みはありません。今もその行為をしていても使えるのです。

この意味で使うwouldには、often、always、sometimesのような頻度を表す副詞を続けたり、過去のいつのことかを示す表現を入れたりします。これは、wouldだけでは意味を確定できないからです。たとえば、I would go fishing with my father.だと、「（もし…なら）父と一緒に釣りに行くのになあ」という仮定法の表現に解釈することも可能です。したがって、I would <u>often</u> go fishing with my father.や、I would go fishing with my father <u>when I was a child</u>.のようにすることで、過去の習慣であることを表すのです。

また、wouldは、「そういえば昔はこんなことをよくしたなあ」という、**過去のことを懐かしむ気持ちを込める**ときによく使われます。

なお、used toは規則的な習慣を表し、wouldは不規則な習慣を表す、という説明が参考書でされていたことがあ

りますが、そのような違いは今ではほとんど意識されない
ようです。

would は過去の状態を表すことはできない

　used toを使うと、過去の状態について「昔は〜だった
ものだ」という意味を表すことができます。

They **used to be** good friends.
（昔は彼らはよい友だちだった）

この場合も They are not good friends anymore.（今はもう
よい友だちではない）という、「今は違う」という含みが
あります。また、

There **used to be** a movie theater in my town.
（昔は私の町には映画館がありました）

のように、There used to be ... という形で使われることも
あります。
　一方、wouldではこのような使い方はできません。
wouldを使って表すことができるのは昔の行為だけで、昔
の状態を表すことはできないのです。

used to には現在形はない

　used toのusedはもともと動詞でした。useという現在
形があって、その過去形がusedなのです。現在の習慣を

104

表すuseは次第に使われなくなり、usedだけが残りました。そして、used toで1つの助動詞のように使われるようになったのです。

useが使われなくなったのは、発音上use toとused toの区別がはっきりしないことと、現在の習慣は動詞の現在形で表すことができるからです。

will が習慣や習性を表すことがある

wouldの現在形はwillですが、willには現在の習慣を表す用法があります。

My wife **will play** games on smartphone for hours.
（妻はよく何時間もスマホでゲームをする）

現在の習慣的行為は動詞の現在形で表すことができますが、動詞の現在形は客観的な事実を述べるだけです。willは、その行動に対して何らかの感情（たとえば「困ったものだ」のような）を込める場合に使われます（この場合はwillを強く発音します）。

あなたの 新 常識　その22［助動詞］

used toは今はしていない過去の習慣について述べ、**would**は過去の習慣について感情を込めて述べるときに使う。

第2章　知っていて当たり前の表現20　　105

あなたの常識　その23 [受動態] ★★

> 他動詞を使うSVOの文は、目的語（O）を主語にした受動態の文にすることができる。

英語の受動態を中学校で初めて習ったときに、

のような「たすき掛け」を目にした人が多いはずです。①能動態の目的語（me）を主語（I）にして、②動詞を〈be動詞＋過去分詞〉にする。③能動態の主語（my cat）はbyを使って文末に。これで「うちのネコが私をひっかいた」という能動態の文を、「私はうちのネコにひっかかれた」という受動態の文にすることができます。

この「作り方」によると、scratch（〜をひっかく）のような他動詞を使うSVOの文であれば、機械的に受動態の文を作り出すことができそうです。でも、実際には、SVOの文を受動態にできない場合があるのです。

I saw a ghost. を受動態にしてみる

次の文は他動詞see (〜を見る) を使ったSVOの文です。

I saw a ghost.(私は幽霊を見た)

受動態の「作り方」に従うと、

?? A ghost was seen by me.

という受動態の文ができます。
形は受動態になっていますが、何か不自然な感じがしませんか？ この文の意味は「幽霊は私に見られた」です。「幽霊」と言っても不定冠詞の付いたa ghostですから、どの幽霊なのかもわかりません。「幽霊が私に見られた」という状況が思い浮かばないのです。もし、だれにも見られないような幽霊が存在していて、その幽霊がうっかり「私」に見られてしまったという状況であれば、The ghost was seen by me. とすることは可能です。

　受動態で何かを表現するときには、**何をされるのかはっきりわかる状況**が必要です。そして、**それによって何らかの影響を受ける**ものでなければ受動態の主語にはできないのです。

This pen was used by Yasunari Kawabata.
(このペンは川端康成によって使われた)

第2章　知っていて当たり前の表現20

川端康成に使われることによって、「このペン」には価値が生じています。でも、??This pen was used by me. では「私」がペンに付加価値を与えるような人物でない限り不自然な文になってしまいます。

I love Justin Bieber.（ジャスティン・ビーバーが大好き）も Justin Bieber を主語にして受動態にするのは不自然ですが、

Justin Bieber **is loved** by fans all over the world.

なら受動態としてちゃんと成り立ちます。「世界中のファンから愛されている」ことは、Justin Bieber に影響を与えているからです。

自動詞でも受動態にできる

受動態で使う動詞は他動詞に限られるわけではありません。自動詞でも相手に影響を与えるような意味であれば、

I **was spoken to** by Justin Bieber!
（ジャスティン・ビーバーに話しかけられた！）

とすることができます。「みんなに笑われた」も I **was laughed at** by everyone. と受動態にできるのです。

受動態で「される側」のことを述べる

能動態の文を受動態の文にするという「作り方」も考え直す必要があります。というのも、英語の受動態の文の約

108

8割は、「何か［だれか］によって」がない文だからです。

This university **was founded** in 1754.
（この大学は1754年に創立されました）

この文には創立した人が示されていないので、「だれが」
を主語にした能動態の文をつくることはできません。この
ように「する側」を示さないのは、「する側」がわからない
場合や、言う必要がない場合です。

My bag **was stolen**!（バッグを盗まれた！）
The man **was arrested**.（その男は逮捕された）

逮捕するのは（普通は）警察ですから、わざわざby the
policeを示す必要はありません。警察の捜査について述べ
る場合であれば、「警察」を主語にすればいいのです。

The police finally **arrested** the man.
（警察はついにその男を逮捕した）

あなたの **新** 常識　その23［受動態］

他動詞を使うSVOの文でも、I saw a ghost.
やI love Justin Bieber.のように受動態に
できない場合がある。

第2章　知っていて当たり前の表現20　109

あなたの常識 その24 [コミュニケーション表現]　★★

初対面の人に「はじめまして」とあいさつするときは、How do you do?と言う。

　「はじめまして」を How do you do?と覚えていませんか？　確かに How do you do?は初対面の人へのあいさつとして使う表現で、日本語の「はじめまして」に相当します。でも、今この表現を使う人はほとんどいません。「古い」「堅苦しい」と思われていて、「絶滅している」とさえ言われるほどです。では、「はじめまして」というあいさつは何なのかと言うと、

Nice to meet you.

これでいいのです。

How do you do? はなぜ「はじめまして」なのか

　How do you do?は古くから使われている表現で、もともとは「どのようにお過ごしですか」という意味の疑問文でした。doは「暮らす、過ごす」という意味で使うことがあって、今でも親しい人に会ったときに How are you doing?（どうしてる？）と言うことがあります。

　やがて、How do you do?の意味で How are you?が使わ

110

れるようになると、How do you do? は本来の疑問文とし
てではなく、初めて会った人に対するあいさつとして使わ
れるようになりました。相手の暮らしぶりや調子を尋ねる
のではなく、「はじめまして」という単なるあいさつに
なったのです。How do you do? に対して How do you do?
と答えるのは、どちらも同じようにあいさつをしているか
らなのです。

　このような形式的なあいさつのやりとりは、「古くさい」
「格式ばっている」と思われるようになって、代わりに「お
会いできてうれしいです」という意味を持つ Nice to meet
you. が使われるようになりました。映画『ローマの休日』
では、オードリー・ヘプバーン扮するアン王女が、新聞記
者のジョー（グレゴリー・ペック）に "How do you do?"
と言い、ジョーが笑いながら "How do you do?" と答える
場面がありますが、このやりとりの格式ばった感じがよく
出ています（その後に "You may sit down." と言うのも王
女らしい言葉遣いです。「お座りになってもよろしくって
よ」というニュアンスです）。

How are you? には何と答える？

　相手の調子を尋ねるときに最もよく使われるのは How
are you? です。教科書に "How are you?" に対しては "Fine,
thank you. And you?" と答えると載っていますから、そう
覚えている人も多いことでしょう。もちろん間違っている
わけではありませんが、あまりに紋切り型のあいさつに
なってしまうので、こう答えるネイティブ・スピーカーは

第2章　知っていて当たり前の表現20　　111

あまりいません。I'm fine. やFine. からは、そっけなさが伝わってくるからです。

How are you? には、Good. やGreat. のように一言で「いいよ」と答えることがかなり多いようです。Pretty good. のように「結構いい感じ」と答えることもありますし、Not bad. のように「ぼちぼち」と答えることもあります。もちろんそのときの自分の状況を素直に答えるのが一番ですが、口ごもらずに返事をするようにしたいものです。また、Couldn't be better. という表現もあります。「もっとよくなることはない」ということから「最高だよ」という意味を伝えます。

Nice to meet you. と Nice meeting you.

ここで、初対面のときのあいさつに戻りましょう。Nice to meet you. は It's nice to meet you. の It'sを省略した言い方で、to meet you（あなたに会えたこと）に対して nice と言っています。Nice to meet you. に対しては、Nice to meet you, too. と答えるのが定番です。

初対面の人と会って別れるときにも Nice to meet you. と言うことがありますが、これは It <u>was</u> nice to meet you. ということです。「お会いできてよかった」という気持ちを別れ際のあいさつとして伝えているのです。この場合、Nice meeting you. と言うことがありますが、meeting という動名詞を使うことで、会って話をして時を過ごしたことを表しています。

不定詞は「これからすること」を表し、動名詞は「して

112

いること・していたこと」を表すという説明を聞いたことがあるかもしれませんが、「不定詞がこれからすることを表す」というのは正確ではありません。Nice to meet you. は「これから会うことがうれしい」のではなく、「会ったことがうれしい」と言っているのです。この不定詞の使い方は、何かよくない話を聞いたときにI'm sorry to hear that.（それをお聞きして残念です）と言うのと同じです。

Nice to meet you. と Nice to see you. の違いは？

　初対面の人にはNice to meet you. と言いますが、面識のある人に対して「お会いできてうれしい」と言うときはこう言います。

Nice to **see** you. / Good to **see** you.

meet は「初めてだれかに会う」「偶然だれかに会う」「約束をしてだれかに会う」ときに使います。**see** は「だれかを見かける」「だれかと顔を合わせる」ときに使います。「またね」と言うときはSee you. ですね。

あ な た の 新 常 識　その24［コミュニケーション表現］

初対面の人に **How do you do?** とあいさつすることはほとんどなく、**Nice to meet you.** と言うのが普通。

第2章　知っていて当たり前の表現20　113

あなたの常識　その25［コミュニケーション表現］　　★★

「～しましょうか」と申し出るときはShall I ...?、「～しませんか」と促すときはShall we ...?を使う。

「車で迎えに行こうか?」と友人に声をかけるときは、Shall I ...?を使って、

Shall I pick you up?

とすればよい、そう思っていませんか?　確かに正しい英語で意味も通じます。でも、友人に「～しようか?」と言うときにShall I ...?を使うことはまずありません。こういう場合は、

Do you want me to pick you up?

と言うのが普通なのです。

Shall I ...? は使わない?

Shall I ...?は、Shall I open the window? のように、何かをすることを申し出るときに使う表現です。でも、日常会話でShall I ...?を使うことはあまりありません。実際、Shall I ...?は使わない、と言い切るネイティブ・スピーカー

114

もいるくらいです（特にアメリカ英語ではその傾向があります）。現代英語ではshallを使うことがほとんどありませんから、Shall I ...?という表現は、古く、かしこまった感じがしてしまいます。Shall I open the window?は「窓を開けましょうか」というニュアンスですから、友人に言うにはていねいすぎるのです。

その代わりに使われるのが**Do you want me to ...?**という表現です。文字どおりの意味は「あなたは私に〜してほしいの？」ですが、実際には「**〜しようか？**」という意味で使われています。

Do you want me to take
your picture?
（写真を撮ってあげようか？）

もっとていねいな申し出にしたければ、

Would you like me to give you a ride?
（車でお送りしましょうか？）

のように、**Would you like me to ...?**を使います。I want ...という直接的な表現を避けるときにI'd like ...を使うのと同じです。

Shall I ...? を使う状況もある

話の流れの中で、「じゃあ、私が〜しようか？」と言う

第2章　知っていて当たり前の表現20　115

ことがありますが、そういう場合はShall I ...?を使っても違和感はありません。たとえば、食事に行く話をしていて場所や時間が決まったときに、「じゃあ、僕が予約しようか？」と言うような場合です。そんなときは、

Shall I book a table?

と言います。「私が予約するね」なら、I'll book a table. でいいですね。

また、shallの代わりにshouldを使って「〜しましょうか？」という意味を表すこともあります。shouldはshallの過去形ですから、Should I ...?とすることでShall I ...?よりもていねいな表現になるのです。

Shall we ...? の代わりに使う表現は？

Shall we ...?の場合は相手を含みますから、「（一緒に）〜しませんか？」という勧誘の表現になります。Shall we ...?も日常会話ではあまり使われない表現です。その代わりによく使われるのが**Let's ...**です。

Let's move on to the next topic. （次の議題に進みましょう）

Let's ... は「〜しましょう」という意味ですから、相手の意向は気にしていないことになります。

Why don't we eat out tonight? （今夜は外食にしない？）

なら疑問文になっていて、相手の意向を尋ねる表現になります。

Shall we ...?を使うことはあまりありませんが、「そろそろ行こうか」という意味のShall we go?は、決まり文句としてよく使われます。その場の状況から何を言っているのかわかる場合には、Shall we?だけで十分です。

映画のタイトルにもなったShall we dance?という有名なフレーズがありますが、これはかなりフォーマルな響きがします。「踊りませんか？」と誘うときは、相手の意向を尊重して、

Would you like to dance with me?

と言うのがスマートです。親しい人でカジュアルな場面であれば、Do you want to ...?やWant to ...?も使われます。親しい友人であればwant toの代わりにwannaを使うこともありますが、wannaはかなりくだけた表現ですから、あまり使わないほうがいいでしょう。

あなたの 新 常 識　その25［コミュニケーション表現］

「〜しましょうか」は **Do you want me to ...?**、「〜しませんか」は **Let's ...** を使うのが日常会話では普通。

第2章　知っていて当たり前の表現20　　117

あなたの常識 その26 [単数・複数] ★★

「私は犬が好き」と言うときは、I like a dog. か I like dogs. のどちらかを使えばよい。

「犬が好き」と言うときは、特にどの犬が好きというわけではなく、「犬という動物が好き」ということを伝えています。この場合、英語では「犬」は冠詞なしの複数形で、

I like **dogs**.

とします。複数形で「**犬という動物全体**」を表しているのです。dogは数えられる名詞ですから冠詞なしの単数形で使うことは基本

dogs

的にできませんし、「犬が好きだ」と言うときにI like a dog.とすることもありません。このa dogは「ある1匹の犬」を表し、犬全体を表すことにはならないからです。

a dog を主語にすると…

I like a dog.のように目的語としてa dogを使うと「1匹の犬」を表しますが、主語にすると「犬という動物」という意味で使うことができます。

A dog is a faithful animal. （犬は忠実な動物だ）

「犬」について述べるときに、犬全体から**任意の1匹**を取り出して、それを「犬」の代表にしているのです。英英辞典では、A dog is a very common four-legged animal that is ...のような説明をしますが、このa dogも「犬という動物」という意味で使われています。

「ある1匹の犬」を表すa dogを主語の位置で使うことはあまりありません。英語では、どれのことかわからない不特定のものを主語にすることを避ける傾向にあるからです。「公園に犬がいる」と言うときに、There's **a dog** in the park.（公園に犬がいる）とするのもこのためです。

the dog を主語にすると…

the dogも、「犬という動物」という意味で使うことがあります。

The dog is man's best friend.
（犬は人間の最良の友だ）

このthe dogは**典型的な犬**を示しています。多くの人が思い浮かべる「犬」のイメージをthe dogで表しているのです。

定冠詞theは特定のものについて使いますから、The dog is my best friend.は「その犬は私の最良の友だ」という意味になりますし、I like the dog.なら「私はその犬が好きだ」という意味になります。

第2章　知っていて当たり前の表現20　　119

3種類の総称表現

「〜というもの」という感覚で全体をまとめて呼ぶときの表現を「総称表現」と言います。「虎はどう猛だ」と言うときは、

Tigers are fierce.
A tiger is fierce.
The tiger is fierce.

という3種類の総称表現を使うことができます。何頭かの虎をイメージして複数形にするTigers are fierce. が最も一般的で、次に使われるのがA tiger is fierce. です。The tiger is fierce. は、「その虎」という特定の虎を指していると思われることもあるので、総称表現として使われることはあまりありません。

総称表現としてa tigerを使うことができない場合もあります。

The tiger is nearly extinct.（虎は絶滅の危機にある）

この文を×A tiger is nearly extinct. とすることはできません。a tigerは任意の1頭を取り出す表現ですから、その種全体のことを言う場合は使えないのです（「ある1頭の虎は絶滅の危機だ」は不自然ですね）。

なお、複数形にtheをつけると、the tigers in this zoo（この動物園の虎）のように、特定の集団を表すことになりま

す。球団名がthe Hanshin Tigersと複数形になっているのも、集団を表しているからです。

　ところで、複数形のsがついていないプロ野球の球団をご存じですか？　野球好きなら「広島東洋カープ（the Hiroshima Toyo Carp）」だとすぐにわかるでしょう。球団創設時はCarpsにしようとしていたのに、carpの複数形はcarpだという指摘があったためCarpになったという逸話があります。確かにcarpは単複同形の名詞なので、鯉が何匹いてもcarpです。でも、球団名になると話は変わってきます。carpは「鯉」ではなく「選手」のことを指しているわけですから、carpsという複数形にしてもいいのです。

　アメリカのメジャーリーグにはイチローがかつて在籍したthe Miami Marlinsという球団がありますし（marlinは「マカジキ」で複数形もmarlinです）、カナダにはthe Toronto Maple Leafsというプロアイスホッケーチームもあります。leafが「葉」ならleavesにしなければなりませんね。

あなたの **新** 常識　その26［単数・複数］

「私は犬が好き」と言うときは、犬という動物を総称するために、**I like dogs.** としなければならない。

第2章　知っていて当たり前の表現20　　121

あなたの常識　その27［現在完了］　　★★

「東京にずっと住んでいる」という継続の意味を表すときは、現在完了形を使って I've lived in Tokyo. とする。

　現在完了形を使うと、「ずっと〜だ」という**継続の意味**を表すことができます。現在完了形は〈**have ＋過去分詞**〉という形なので、

I've lived in Tokyo.

とすれば「私はずっと東京に住んでいる」という意味になるはずです。でも、このままだと継続の意味を表すことにはなりません。「私は東京に住んだことがある」という**経験の意味**になってしまうのです。

続いていることを示す表現を入れる

　現在完了形で継続の意味を出すためには、**どのくらい続いているかを示す表現**が必要です。たとえば、

I've lived in Tokyo since I was ten.
（10歳のときからずっと東京に住んでいます）

とすれば継続の意味になります。「生まれたときからずっ

122

とだよ」と言いたければ、**I've lived** in Tokyo <u>since I was born.</u> です。

sinceは since I was ten のように接続詞として使ったり、since 2000 のように前置詞として使ったりします。since は「**過去のある時点から現在までの間ずっと**」を表しますから、現在完了形と一緒に使うことで継続の意味を表すことになるのです。

「10年間」のような期間を示すことで継続の意味を表すこともあります。

I've lived in Tokyo <u>for ten years.</u>
（10年間ずっと東京に住んでいます）

ただし、「私は東京に住んでいる」という現在の状況がはっきりしていなければ、「私は東京に10年間住んだことがある」という経験の意味にもなります。

でも、「ずっと東京に住んでいるんです」とだけ言いたいこともありますね。一番簡単なのは現在形を使って、I **live** in Tokyo. とすることです。これで、ある程度の期間、東京に住んでいることが伝わります。どうしても「ずっと」というニュアンスを出したければalwaysを使います。I**'ve always lived** in Tokyo. で「私はずっと東京に住んでいます」という意味になるのです。

「ずっとしている」は現在完了進行形で表す

現在完了形で継続の意味を表すことができるのは、状態

第2章　知っていて当たり前の表現20　　123

を表す動詞を使う場合です。「ずっと洗濯をしている」と言いたいときに I**'ve done** the laundry. としてしまうと、「洗濯は終わったよ」という完了の意味になってしまいます。動作動詞で継続の意味を表すときは、現在完了進行形（**have been ＋動詞の ing 形**）を使います。

I**'ve been doing** the laundry.

現在完了進行形は、「ずっとしている」という意味と「ずっとしていた」という意味で使うことができます。まだ続いているのか、さっきまで続いていたのかは状況次第です。この文も、「ずっと洗濯をしている」という意味と「（さっきまで）ずっと洗濯をしていた」という意味を表すことができるのです。

現在完了形と現在完了進行形

　状態を表す動詞でも現在完了進行形で使うことがあります。

We**'ve been living** in this apartment for six months.
（私たちはこのアパートに6か月間住んでいます）

　live を進行形にすることで、一時的な状態であることを表しています。また、**継続している思いを強調する**ために want や hope のような動詞を進行形にすることもあります。

I've long been wanting to visit Tahiti.

（私はずっとタヒチを訪れたいと思っています）

Where have you been? の意味は？

「今までどこにいたの？」と尋ねるときに、Where **have you been?** を使います。今も続いている状況についてではなく、ついさっきまで続いていた状況について尋ねる表現です。

このWhere have you been? は、今までずっと話をしていた相手に対して使うこともあります。たとえば、話したことを「知らない」と言われたときです。「えっ？」って思いますよね。そんなときにWhere have you been? と言います。「今話したことなのに知らないはずないでしょ？」「聞いてなかったの？」「いったいどこにいたの？」と、皮肉を込めて言うのです。

では、Where in Japan have you been? はどうでしょう。「日本で今までどこにいたの？」というのは不自然です。この文は「日本で今までどこに行ったことがあるの？」という経験を尋ねているのです。

> あ な た の **新** 常 識　その27［現在完了］
>
> 現在完了形で継続の意味を表すときは、「いつから」「どのくらい」という継続期間を示す表現を入れる必要がある。

第2章　知っていて当たり前の表現20　　125

あなたの常識 その28 [未来進行形]

〈**will be＋動詞のing形**〉は、「〜しているだろう」という未来のある時点で進行中の動作を表す。

　willに進行形を続ける〈will be + 動詞のing形〉を使うと、「〜しているだろう」という進行中の動作を表すことができます。We'll be staying in Paris. なら「私たちはパリに滞在しているだろう」という意味です。では、次の文はどうでしょう。

We'll be staying in Paris for three days.

「3日間パリに滞在しているだろう」だと不自然ですね。この文が表しているのは、「私たちは3日間パリに滞在することになっている」ということです。〈will be + 動詞のing形〉は、「**〜することになっている**」という**予定**を表すときに使うこともできるのです。

〈will be＋動詞のing形〉が表す未来

　「〜しているだろう」という、未来のある時点でしていることを表すのは、次のような場合です。

We'll be relaxing on the beach <u>at this time</u>

tomorrow.
(明日の今ごろはビーチでのんびりしているだろう)

「明日の今ごろ」という未来の一時点で進行していることを表しています。

「〜することになっている」という予定を表すときは未来の一時点は意識しません。

We'll be cleaning the beach tomorrow.
(明日はビーチの掃除をすることになっています)

ここで意識しているのは、「明日」という幅がある未来の時間です。その中で「しているであろう」こと、つまり**予定に入っていること**を〈will be ＋動詞のing形〉で表しているのです。

未来を表す表現の使い分け

willの後を進行形にしないでWe'll clean the beach tomorrow.とすると、「私たちは明日、ビーチの掃除をします」という、その時点での主語の意志を表すことになります。また、We're going to clean the beach tomorrow.だと、「私たちは明日、ビーチの掃除をするつもりです」となって、すでに決めていることを伝えることになります。

どちらも話し手の主観で述べる表現です。

We're cleaning the beach tomorrow.という現在進行形で予定を表すこともあります。現在進行形を使うのは、そのことについて主語が何らかの準備をしているような場合です。進行形を使うことで「その行為に向かっている」ことを示しているのです。

〈will be + 動詞のing形〉を使うと、**主語の意志とは関係なく「することになっている」という予定を表す**ことができます。We'**ll be cleaning** the beach tomorrow.は、**客観的に「予定ではこうなっているんですよ」と述べる表現**なのです。

新幹線のアナウンスで使う will be stopping

新幹線に乗ると、We **will be stopping** at Shinagawa, Shin-Yokohama, Nagoya, and Kyoto stations before arriving at Shin-Osaka

terminal.のようなアナウンスを耳にします。「終点新大阪に到着する前に、品川、新横浜、名古屋、そして京都駅に停車することになっています」という意味です。〈will be + 動詞のing形〉を使うことで予定を伝えているのです。

停車駅が近づくとWe **will** soon **make** a brief stop at Nagoya.（まもなく名古屋に停車します）というアナウンスになります。この場合は主語の意志ということではなく、「このまま順調にいくとこうなる」ことを〈will + 動詞

の原形〉で表しているのです。

Will you be -ing? で相手の予定を尋ねる

「〜することになっていますか」と、相手の予定を尋ねるときに、〈will be ＋動詞の ing 形〉を使います。

Will you be driving to work tomorrow?
（明日は車で仕事に行くことになっていますか）

Will you drive to work tomorrow? だと、「明日は車で仕事に行きますか」と、相手の意志を尋ねることになりますし、「明日は車で仕事に行ってよ」という依頼の意味にとられることもあります。Are you going to drive to work tomorrow? だと、「車で行くつもり？」と尋ねることになります。

Will you be driving ...? だと、「車で行くことになっていますか」と尋ねるていねいな質問になります。相手の意志を直接問う表現ではないからです。このため、「車で行くのなら乗せていってほしい」というような頼みごとをしたいときに、この表現を使うのです。

あなたの 新 常識　その28 [未来進行形]

〈**will be ＋動詞の ing 形**〉は、「〜することになっている」という予定の意味でも使うことができる。

第2章　知っていて当たり前の表現20　129

あなたの常識 その29 [時制]　　　★ ★

「もし〜なら」という副詞節で未来のことを表すときは動詞の現在形を使い、**will**は使わない。

　未来のことについて「もし〜なら」と言うときは、if節の動詞は現在形にして、

If it rains tomorrow, I'll stay home.
（明日雨が降れば、私は家にいます）

のようにします。この場合、「明日雨が降る」というのは予測ではなく、**「もし〜なら」という条件設定**になっています。したがって、予測を表すwillを使って× If it will rain tomorrow, I'll stay home. とはできないのです。

　でも、if節でwillを使えないのかと言うと、そういうわけではありません。willを使う場合もあるのです。

主語の意志を will で表す

　It **will rain** tomorrow.（明日は雨が降るでしょう）と言うときのwillは予測を表しています。このwillを使って× If it will rain tomorrow, I'll stay home. とすると、「明日は雨が降るだろう」→もしそう予測するなら→「私は家にいる」という不自然な展開になってしまいます。現在形でIf

130

it **rains** tomorrowという条件設定をすることで、「明日は雨が降る」→**もしそうなれば**→「私は家にいる」という自然な流れになるのです。

if節でwillを使うのは、

I'll give up smoking if you **will quit** drinking.
（君がお酒をやめるつもりなら、僕はたばこをやめるよ）

のような場合です。willはI **will do** it by myself.（それは必ず自分でやります）のように、**主語の意志**を表すときにも使いますから、if you will quit drinkingは「あなたにお酒をやめる**つもりがあれば**」という、「あなた」の意志や決意を条件として設定しているのです。

if you will ... を使って依頼表現にする

if you will ... という表現を、相手の協力を求める依頼表現で使うことがあります。

I'll be happy if you **will make** a speech.
（あなたがスピーチをしてくれるなら、私はうれしいよ）

この文は、「あなたはスピーチをするつもりだ」→**もしそういう気持ちになってくれれば**→「私はうれしい」となることで、「スピーチをしてほしい」と遠回しに頼んでいるのです。if you make a speechとしてしまうと「あなたがスピーチをすれば」となって、相手の意志を考慮しない発

第2章　知っていて当たり前の表現20　131

言になってしまいます。if you willが「よろしければ」という意味の慣用表現として使われるのもわかりますね。

Wait over here, if you will.
(よろしければ、こちらでお待ちください)

if節で予測を表すwillを使うこともある

予測を表すwillもif節で使うことがあります。

If I'll be late for the meeting, I'll call you.
(ミーティングに遅れるようなら、あなたに電話します)

I'll be late for the meetingは「ミーティングに遅れるだろう」という予測を表しています。「ミーティングに遅れるだろう」→**もしそう予測するなら**→「(遅れることを)あ

なたに電話します」という流れです。「遅れるという事態を予測したら電話する」ということなのです。If I'm late for the meetingとすると、「遅れたら電話する」という別の意味になってしまいます。

if節で主節の内容に言及する場合もあります。

If it will make you happy, I'll do it.
(それであなたが喜ぶなら、私がそれをしますよ)

if 節の主語 it は、主節の「私がそれをする」という内容を指していて、「私がすることであなたを喜ばせることになる」→もしそうなのであれば→「私がそれをします」という流れになっています。「私がそれをする」前提となるのは、「あなたを喜ばせることになる」という予測なのです。

if 節には副詞節と名詞節がある

If it rains tomorrow, I'll stay home. の if 節は、「明日雨が降れば」という条件を表す副詞節です。if 節には名詞のはたらきをする場合もあって、この違いに混乱する人がいるようです。

I wonder if it will rain tomorrow. (明日は雨かなあ)

この if it will rain tomorrow は、動詞 wonder の目的語になっています（目的語なので名詞節です）。wonder if ... で「…かなと思う」という意味を表していて、if 節では予測を表す will を使うことができるのです。

あなたの 新 常識　その29［時制］

「そういうつもりがあれば」「そう予測するなら」という条件を表すときは、if 節で will を使うことができる。

第2章　知っていて当たり前の表現20　　133

あなたの常識　その30［不定詞］　

「〜できるほど背が高い」を表す〈tall enough＋不定詞〉は、so ... thatを使って書き換えることができる。

tall enoughに不定詞を続けると、「〜できるほど背が高い」という意味になります。

He is **tall enough to touch** the ceiling.
（彼は天井に触れるほど背が高い）

この文をso ... thatで書き換えると、

He is **so tall that he can touch** the ceiling.
（彼はとても背が高いので天井に触ることができる）

となります。表す意味に若干の違いはあるものの、どちらも文として成立しています。でも、次の文をso tall that he can ...で表すことはできません。

He is **tall enough to ride** a roller coaster.
（彼はジェットコースターに乗れるくらいの身長だ）

tall enough to touch the ceilingとtall enough to ride a roller coasterの違いは何なのでしょうか。

〈形容詞＋enough〉は「十分な程度」を表す

enoughは「**特定の目的のために、またある結果をもたらすために十分**」であることを表すときに使います。tall enough to touch the ceilingは、「手を伸ばせば天井に触れるくらいの十分な身長がある」ことを表しています。よほど天井が低くない限り、この人は背の高い人だと想像できます。

tall enough to ride a roller coasterの場合は「ジェットコースターに乗るために十分な背の高さ」であって、「背が高い」と言っているわけではありません。ですから、He is tall enough to ride a roller coaster. を×He is so tall that he can ride a roller coaster. で表すことはできないのです。

次の文もso ... thatで表すことはできません。

My daughter is old enough to drive a car.
(娘は車の運転ができる年齢だ)

old enough to drive a carは、「車の運転ができる年齢」であることを表しています。日本なら「18歳以上だ」という

ことです。これを My daughter is so old that ... としてしまうと、「娘はとても年をとっているので…」となってしまいます。so old とするなら、My father is so old that he can't drive a car.（父はとても年をとっているので、車の運転はできません）のような内容にしなければなりません。

〈形容詞 + enough + 不定詞〉と〈so + 形容詞 + that〉は同じ意味を表すわけではなく、書き換えることができない場合もあるのです。

なお、〈enough + 不定詞〉は、副詞の後で使うこともできます。

He spoke clearly enough for us to understand.
（彼は私たちが理解できるくらいはっきりと話した）

主語と不定詞の関係は？

He is tall enough to ride a roller coaster. や My daughter is old enough to drive a car. では、文の主語は不定詞の意味上の主語になっています。「ジェットコースターに乗る」のは「彼」ですし、「車の運転をする」のは「私の娘」です。

不定詞の意味上の主語が文の主語と異なる場合は、

This box is light enough for me to carry.
（この箱は私が運ぶことができるくらいの軽さだ）

のように、意味上の主語を不定詞の前に入れます。for me to carry で「私が運ぶ」とするのです。なお、この文では

136

不定詞（to carry）の目的語は文の主語のthis boxということになります。

This box is light enough for me to carry. は、This box is so light that I can carry it. で表すこともできますが、so lightは「とても軽い」という意味ですから、表す「軽さ」には違いが生じてしまいます。

This apartment is large enough for us to live in.
（このアパートは私たちが住むのに十分な広さだ）

この文では意味上の主語for usの後にto live inという不定詞句が続いています。inの目的語は主語のthis apartmentで、large enough for us to live inは「私たちが住むのに十分な広さ」を表しています。2人で暮らすアパートを探している人たちにしてみれば、それほど広くないアパートでもlarge enough for us to live inと言うことができます。その場合はThis apartment is so large that we can live in it. とは言えません（大家族ならこう言えます）。

あなたの **新** 常識　その30［不定詞］

〈形容詞＋**enough**＋不定詞〉は、〈**so**＋形容詞＋**that**〉を使って書き換えることができない場合がある。

第2章　知っていて当たり前の表現20　　137

あなたの常識　その31 [比較]　　★ ★

「2倍の高さだ」はtwice as tall asのように原級を使い、比較級tallerを使って表すことはできない。

　東京スカイツリーは634メートルで、エッフェル塔は324メートルですから、

Tokyo Skytree is **twice as tall as** the Eiffel Tower.
（東京スカイツリーはエッフェル塔の2倍の高さだ）

と言うことができます。何かと何かを比べてその差が2倍くらいあるときは、twice as tall asのように、〈as＋原級＋as〉の前にtwiceを入れます。

　〈比較級＋than〉では「2倍」のような差を表現できないと思っている人がいますが、そんなことはありません。**比較級の前にtwo timesを入れて、**

Tokyo Skytree is **two times taller than** the Eiffel Tower.

とすることができるのです。

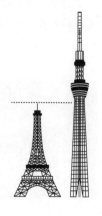

〈as ＋ 原級 ＋ as〉と〈比較級 ＋ than〉

　まず、比較の文の基本形を確認しましょう。〈as ＋ 原級 ＋ as〉は「同じくらい」を表すときに、〈比較級 ＋ than〉は差があることを表すときに使います。

This building will be as tall as Tokyo Tower.
（このビルは東京タワーと同じくらいの高さになります）
Tokyo Tower is taller than the Eiffel Tower.
（東京タワーはエッフェル塔よりも高い）

　具体的な数値で差を示すこともできます。

Tokyo Tower is 9 meters taller than the Eiffel Tower.
（東京タワーはエッフェル塔よりも9メートル高い）

倍数表現を比較の文に入れる

　比べる相手との差を倍数で示すときは、倍数表現を〈as ＋ 原級 ＋ as〉の前に入れます。「2倍」はtwice、「3倍」はthree timesです。「2倍」はtwo timesで表すこともありますが、twiceを使うことが多いようです。

Tokyo Skytree is twice as tall as the Eiffel Tower.

twice as tall asとすることで、「比べる相手の2倍と同じくらいの高さ」を表しています。
　比較級を使って「2倍」を表すときはtwo timesを使いま

第2章　知っていて当たり前の表現20　139

す。two times taller than で「比べる相手より2倍の高さ」を表します。

Tokyo Skytree is **two times taller than** the Eiffel Tower.

比較級の前では twice を使うことはできません。two times は「2を掛ける」という意味で使いますが、twice には「掛ける」という意味が含まれていないのです。two times taller than が「〜に2を掛けた高さ」を表すのに対し、twice taller than は9 meters taller than のように、「〜より2倍分高い」ことを表します。This tower is twice taller than the Eiffel Tower. だと、「この塔はエッフェル塔より2倍分高い」、つまり、エッフェル塔を3つ重ねた高さになってしまうのです。

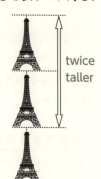

twice taller

分数を比較の文に入れる

分数を比較の文に入れることもあります。「2分の1」は half、「3分の1」は a third (または one-third)、「3分の2」は two-thirds で表します。〈分子−分母〉の順で、分母は third のような序数で表し、分子が2以上なら s を付けます (third<u>s</u>)。

〈as + 原級 + as〉の前に half を入れると「比べる相手の半分と同じくらい」、a third を入れると「比べる相手の3分の1と同じくらい」であることを表します。

The Eiffel Tower is half as tall as Tokyo Skytree.
(エッフェル塔は東京スカイツリーの半分の高さです)

一方、〈比較級 + than〉の前に分数を入れると、

This tower is a third taller than the Eiffel Tower.
(この塔はエッフェル塔より3分の1高い)

のような文ができます。a third as tall as the Eiffel Tower だと「エッフェル塔の3分の1の高さ(=108メートル)」ですが、a third taller than the Eiffel Tower は「エッフェル塔より3分の1高い」ことを表します。つまり「324 + 108 = 432メートル」ということになるのです。

なお、halfを比較級の前で使うことはありません。「1.5倍」は one and a half times、「もう半分(つまり1.5倍)」は half again で表します。

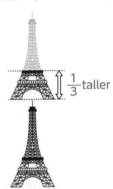

あなたの新常識 その31[比較]

「2倍の高さだ」は、**two times taller than** のように比較級を使って表すこともできる。

あなたの常識　その32［仮定法］　　★ ★

仮定法のif節でshouldを使うと、「万一〜したら」という実現しそうにない未来の仮定をすることになる。

　if節でshouldを使うと、未来のことについての仮定を表すことができます。

If you **should start** a company, I would invest in it.

　このif節を、「『万一〜したら』という実現しそうにないことについての仮定」と覚えている人が多いのではないでしょうか。多くの参考書がこのような説明をしていますが、これではshouldが使われる意味を正しく言い表しているとは言えません。if節でshouldを使うのは、**実現する可能性がそれほど高くないと思っている**ことについて、**「〜するようなことになれば」「〜するようなことがあれば」**と仮定する場合です。If you should start a company, I would invest in it. は、「あなたが会社を始めるようなことになれば、私は出資するでしょう」という意味なのです。

仮定法のif節でshouldを使う

　「万一」という日本語は、「そうなる可能性はほとんどないが、ごくまれにある」という状況で使います。でも、if

142

節でshouldを使うのは、「万一」と言うよりもそうなる可能性が高い場合です。主節を命令文にしたり、主節でwillを使ったりすることが多いのも、**実現する可能性がある**と思っているからです。

If you **should start** a company, <u>do let</u> me know.
（君が会社を始めることになれば、ぜひ知らせてね）

If the situation **should change**, we'll <u>let</u> you know.
（状況が変わるようなことがあれば、お知らせします）

　if節でshouldを使うのは、予測できないようなことについて「〜するようなことになれば」と仮定する場合です。shouldはshallの過去形です。shallには「〜することになる」という意味がありますから、if節で仮定法過去のshouldを使うことで、「〜するようなことになれば」という条件を示しているのです。

if節で未来のことを表す

　if節で現在形を使うと、そうなる可能性がかなりあると思っていることになります。

If the situation **changes**, we'll <u>let</u> you know.
（状況が変わったら、お知らせします）

　そうなる可能性がほとんどないと思っているときには仮定法過去を使います。

第2章　知っていて当たり前の表現20　　143

If the situation **changed,** we <u>would let</u> you know.
（もし状況が変わったら、お知らせするでしょう）

「仮定法過去」は、現在の事実と異なることを表すだけでなく、未来のことについて表すこともできます。

if 節で were to を使う

　if節でwere toを使うこともあります。

If you **were to win** the lottery, what <u>would</u> you <u>buy</u>?
（もし宝くじに当たったら、何を買いますか）

　were toを使うのは、実現の可能性はおそらくないと思っていることを**単なる仮定として提示する**場合です。**「仮に〜するとすれば」**という想像上の状況を示すときに使う表現なのです。
　この表現は主語が何であってもwereを使うことができますが、主語に合わせてwasにすることもあります。

If I **was to quit** my job, what else <u>would</u> I <u>do</u>?
（もし仕事をやめるとすれば、ほかに何をするだろう）

　if節でshouldやwere toを使う表現を「仮定法未来」と呼ぶことがありますが、これは適切ではありません。「仮定法過去」は過去形を使うことでそう呼ばれていますが、shouldやwere toは「未来形」ではないからです。

「～するようなことがあれば」の表現

　if節で使うshouldの代わりにhappen toを使ったり、should happen toとしたりすることがあります。また、shouldを文頭に出してifを省略することもあります。

If you **should see** him, tell him to call me.
If you **happen to see** him, tell him to call me.
Should you **see** him, tell him to call me.
（彼に会うようなことがあれば、僕に電話するように言ってね）

　shouldを使う表現は、説明書や案内書の中でていねいな表現として使われることもあります。「～するようなことがあれば」というニュアンスにすることで、押しつけがましさをなくす効果があるからです。

Should you wish to have the tableware removed, please dial room service.
（食器の片付けをご希望でしたら、
ルームサービスまでご連絡ください）

あ な た の **新** 常 識　その32［仮定法］

仮定法の**if**節で**should**を使うと、「～するようなことになれば」という、そうなる可能性がある仮定を表すことになる。

第2章　知っていて当たり前の表現20　　145

あなたの常識 その33 [話法]　　　★★

間接話法では、直接話法の過去形は過去完了形に、willはwouldに変える。

だれかの発言をほかの人に伝えるときは、直接話法か間接話法のどちらかを使います。直接話法はだれかの発言を**そのまま伝える**方法です。

Emi said, "I bought a car." (エミは「私、車を買ったの」と言った)

一方、間接話法は、だれかが言ったことを**自分の視点で言い直して伝える**方法です。

Emi said **she had bought** a car. (エミは車を買ったと言った)

Iはsheに、boughtはhad boughtになっています。規則どおりなのですが、実は、過去形のboughtは過去完了形had boughtに必ずしも変える必要はないのです。

間接話法の動詞の形

間接話法では、伝える発言の動詞が現在形なら過去形に、過去形なら過去完了形にするのが基本です。でも、現在形のまま、過去形のままでいい場合があります。

Kenta said he **lives** in LA.

（ケンタはロサンゼルスに住んでいると言った）

He said he **didn't buy** that condo.

（彼はあのマンションは買わなかったと言った）

伝える時点でも He lives in LA. と言えるなら lived にする必要はありませんし、過去形のままで伝える内容に誤解が生じなければ、わざわざ過去完了形にする必要はありません。「マンションを買わなかった」の場合は、過去形のままでも発言より前であることが明白だからです。誤解が生じるのは、

He said he **had worked** for a bank.

（彼は銀行で働いていたと言った）

のような場合です。この文で He said he <u>worked</u> for a bank. とすると、「彼は銀行で<u>働いている</u>と言った」という意味で伝わってしまいます（直接話法だと、He said, "I work for a bank." です）。

　未来のことに関する発言も理屈は同じです。

Mami said she **would be married** soon.

（マミはもうすぐ結婚すると言った）

過去の発言ですから will は過去形の would にします。伝える時点でも She will be married soon. と言えるなら、たと

第2章　知っていて当たり前の表現20　　147

えば、聞いたことをすぐにほかの人に伝えるような場合であれば、She said she **will be married** soon. でいいのです（伝える時点でも未来のままだからです）。

間接話法で使う時や場所の表現

間接話法では、時を表す表現にも気をつける必要があります。たとえば、He said to me, "I'll pick you up tomorrow." （彼は私に「明日迎えに行くよ」と言った）を間接話法で表現すると、He told me he **would pick** me up **the next day**. となります。でも、伝えるのがその次の日なら、

He told me he would pick me up **today**.

と、tomorrowはtodayにします。また、その日のうちに伝えるのであればこのようになります。

He told me he **will pick** me up **tomorrow**.

直接話法のnowを間接話法ではthenにするように、場所を表すhereもthereにします。もちろん、伝える時点でも「今」や「ここ」と言えるのであればthenやthereに変える必要はありません。

Miku told me she **would stay there** until **the next day**.
（ミクは次の日までそこにいると私に話した）

Miku told me she **will stay here** until **tomorrow**.
（ミクは明日までここにいると私に話した）

　　直接話法を間接話法に書き換えるのではなく、伝える時点での状況に応じて表現を選択すればよいのです。

直接話法と間接話法

　　直接話法は小説などではよく使われますが、普段の会話ではほとんど使われません。話した人の口まねをするような場合は別として、発言内容がはっきり伝わらなくなるからです。

　　間接話法なら伝える内容ははっきりしますが、ちょっと面倒な感じがします。でも、それは直接話法を間接話法にするという作業を思い浮かべるからです。実際の発話の場面ではそんな作業はしません。直接話法をつくってから間接話法に変換するのではなく、**伝えたいことをその時点の状況に応じて表していけばよい**のです。そうすれば、動詞の形も時や場所の表現も、何を使うか迷うことはないはずです。

あなたの 新 常識　その33［話法］

間接話法でだれかの発言を伝える場合、動詞の形や時・場所の表現は、伝える時点の状況に応じて決める。

第2章　知っていて当たり前の表現20　　149

あなたの常識　その34 [分詞構文]　　★★

> **Turning to the left ...** は条件を表す分詞構文で、**If you turn to the left** という意味を表している。

　分詞がつくる意味のまとまりが、文に情報を加える副詞のはたらきをすることがあります。これを「分詞構文」と呼んでいます。

Turning to the left, you will see the post office.

この文の Turning to the left は If you turn to the left と同じ条件を表していて、「左に曲がると、郵便局が見える」という意味になる、確かに昔の参考書にはそう書かれていました。でも、このような文を使うことはありません。そもそも、分詞構文で条件の意味を表すこと自体、かなり少ないのです。

分詞構文とは？

　まず、分詞構文の基本を確認しておきましょう。

We had breakfast, listening to the sound of waves.
（私たちは波の音を聞きながら、朝食をとった）

150

listening to the sound of waves の部分が分詞構文で、「波
の音を聞きながら」という意味を表しています。We had
breakfast という文に、「〜しながら」という状況説明を加
えているのです。これは「付帯状況」と呼ばれる表現で、
背景となる状況を分詞構文で表しています。

　分詞構文を使って、「〜して…する」という**連続する行
為や出来事**を表すこともできます（「〜して（その結果）
…する」という因果関係を表すこともあります）。

Standing up, he put on his coat and walked outside.
（立ち上がって、彼はコートを着て外に歩いて行った）

　次の文のように、**時**や**理由**を表すこともあります。

Seeing him, I felt my heart beating.
（彼を見たとき、私は心臓がどきどきするのを感じた）
Feeling sleepy, I took a short nap.
（眠かったので、私はすこし昼寝をした）

Seeing him は When I saw him という意味を、Feeling sleepy
は As I felt sleepy という意味を表しています。この2つの
文も、「彼を見た」→「どきどきした」、「眠かった」→「昼
寝をした」という流れを分詞構文で表しているだけです。
内容によって時や理由を表すような日本語にしているだけ
なのです。そのため、どの意味で使われているのかあいま
いなこともあります。

第2章　知っていて当たり前の表現20　151

Seeing the stranger, the dog began to bark.

この文の場合は、「知らない人を見た」→「犬がほえ始めた」というつながりを表しているだけで、「知らない人を<u>見て</u>…」なのか、「知らない人を<u>見たとき</u>…」なのか、「知らない人を<u>見たので</u>…」なのかを決めることはできません（決める必要もありませんね）。

Turning to the left が表す意味

では、Turning to the left, you will see the post office. の文に戻りましょう。この文が表すのは「左の方を向く」→「郵便局が見える」というつながりです。このつながりから「左の方を<u>向くと</u>…」という条件の意味としてとらえることができる、ということです（なお、「左に曲がる」と言うときは turn left とするのが普通です）。

でも、Turning to the left だけでは条件の意味は伝わりません。分詞構文で条件を表すことはあまりありませんから、この部分だけで条件の意味を伝えるのには無理があるのです。条件の意味をはっきり伝えるには、**If turning** to the left のように分詞の前に if を入れます。でも、「左の方を向くと…」と相手に言うときに、わざわざ分詞構文を使う必要などありません。分詞構文にしないで **If you turn** to the left とわかりやすく伝えるのが最も自然なのです。

また、「〜して…する」の意味であれば、次のようにすることができます。

152

Turning to the left, he walked toward the door.

（左の方を向いて、彼はドアに向かって歩いた）

分詞構文で譲歩の意味を表すこともある

　分詞構文には次のような使い方もあります。

Admitting what you say, I still think you are wrong.

（あなたの言うことは認めるとしても、私はやはりあなたが間違っていると思う）

　このような表現方法を「譲歩」と呼んでいますが、譲歩の意味を表すAdmitting ... も使われることはあまりありません。意味をはっきりさせるためにalthoughやthoughのような接続詞を前に入れてAlthough admitting ... としたり、Although I admit ... としたりするのです。

Although I admit that he made a mistake, I still believe him.（彼が間違いを犯したことは認めるが、それでも私は彼のことを信じている）

あなたの **新** 常識　その34 ［分詞構文］

分詞構文を使って条件や譲歩の意味を表すことはほとんどなく、**If you turn ...** を **Turning ...** で表すことはない。

第2章　知っていて当たり前の表現20　153

あなたの常識　その35 [前置詞]　

be different from や be surprised at は決まった表現なので、ほかの前置詞を使うことはできない。

その昔、「あなたと違うんです」という迷言を残した首相がいましたが、これをそのまま英語にすると、

I'm different from you.

となります。be different from で「〜と違う」、と覚えている人がほとんどでしょう。でも、実際には from の代わりに than や to を使うこともあります。

Your opinion **is different than/to** mine.
（君の意見は私のとは違う）

このように、決まった形で覚えていた表現に、別の言い方がある場合もあるのです。

be different from と be different than/to

「〜と違う」は be different from で表すのが最も一般的です。be different than はイギリス英語よりもアメリカ英語で使われる表現で、than のあとに節を続けることもあります。

It's very **different than** we thought.

（それは私たちが思っていたのとはかなり違う）

　be different to はアメリカ英語よりもイギリス英語で使われる表現です。

Their valuation may **be different to** yours.

（彼らの査定は君のとは違うかもしれない）

die of と die from

　「〜で死ぬ」と言うときは、die of か die from を使います。of は病気や老衰など内的要因が死因の場合、from はけがや過労など外的要因が死因の場合に使います。でも、この区別は実はあいまいです。「内的」「外的」をはっきりさせることが難しいことも一因でしょう。

My grandfather **died of** lung cancer.

（祖父は肺がんで亡くなった）

　「がんで亡くなる」と言うときは die of cancer とするのが一般的ですが、die from cancer も結構使われています。また、「けがで亡くなる」と言うときは、

The man **died from** an injury to the head.

（その男性は頭部のけがが原因で亡くなった）

のようにdie fromを使いますが、die <u>of</u> injuryという言い方もできるのです。

なお、「事故や戦争で亡くなる」と言うときは、be killed <u>in</u> an accidentのような言い方をします。

be made of と be made from

「〜で作られている」と言うときに、be made ofと be made fromを使います。この区別は割とはっきりしています。ofを使うのは「材料」、fromを使うのは「原料」に言及するときです。

This bridge **is made of** wood.
（この橋は木で作られています）
Tofu **is made from** soymilk.
（豆腐は豆乳から作られます）

This bag is made <u>of</u>/<u>from</u> leather. （このバッグは革製です）のように、材料を示すときにfromを使うこともあります（ただし、ofを使うのが一般的です）。これは、革の加工を意識しているからでしょう。

be surprised at と be surprised by

「〜に驚く」はbe surprised atですね。

I was surprised at the news. （私はその知らせに驚いた）

156

be surprisedは受動態（be動詞＋過去分詞）の形ですから、「驚かされた」という受動の意味合いが強い場合は、byを使ってI was surprised <u>by</u> the news. とすることができます。be frightened at（〜におびえる）も、be frightened <u>by</u>が可能です。

I **was bored with** the movie. （私はその映画に退屈した）

「退屈した」「うんざりした」という場合はbe bored with という表現を使います。これも受動態の形ですが、byは使いません。「退屈させられた」という受動の意味があまり感じられないからです。be worried about（〜について悩む）もbyを使わない表現です。

I **was pleased with** the result. （私はその結果に満足だった）

pleasedの場合はbyを使って受動の意味合いを出すことができます。be delighted with（〜に喜ぶ）もbyを使うことができます。

あなたの **新** 常識　その35［前置詞］

be different from で **than** や **to** を使うことがあるように、表現の形がひとつに決まらないことがある。

第2章　知っていて当たり前の表現20　157

あなたの常識　その36 [接続詞]　　　　　　　　

理由や原因を表す節をつくる接続詞becauseは、文頭で使ってはいけない。

becauseは、「…なので」「…だから」と、理由や原因を説明するときに使う接続詞です。

I was late for work **because** I got stuck in traffic.
(仕事に遅刻したのは、渋滞にはまったからです)

この文のように、because節(副詞節)は主節のあとに続けるのが基本です。このような使い方にふれることが多いせいか、「becauseを文頭で使ってはいけない」と思い込んでいる人が少なからずいます。また、そのように教わったと言う人もいます。でも、これは正しくありません。becauseを文頭で使うこともあるからです。

because節は新情報を伝える

becauseは、主節で述べる内容を引き起こした理由や原因を説明するときに使います。I was late for work **because** I got stuck in traffic. では、「仕事に遅刻した」理由を「渋滞にはまったから」と説明しています。この場合は、I got stuck in trafficという「遅刻することになった理由」を相手

158

に伝えたいわけです。「しかたなかった」と、言い訳したいですからね。

話者が伝えたい重要な情報や、相手にとって初めて耳にする新しい情報は文末に、という「**文末焦点の原則**」が英語にはあります。becauseを使うのは、相手にとって新しい情報となる理由や原因を説明するときですから、because節は文末ということになります。だからと言って、because節は文頭では使えないというわけではありません。主節のほうがより伝えたい情報であれば、

Because we had no proof, we couldn't charge him.
(何の証拠もなかったので、彼を告発できなかった)

としてもいいわけです。このような文を日本語にするときに、「なぜなら…」としてしまう人が結構います。「なぜなら」は前に述べたことの原因や理由を説明するときに使う表現ですから、「なぜなら何の証拠もなかったので」としてしまうと不自然な日本語になってしまいます。

because節だけで使うこともある

becauseは接続詞ですから、Because we had no proof. という副詞節だけでは文は成り立ちません。ただし、相手の質問に答える場合は別です。

A: Why didn't you charge him?
B: **Because** we had no proof.

第2章　知っていて当たり前の表現20　159

「なぜ彼を告発しなかったの？」という質問に答えるときには、becauseで文を始めて「何の証拠もなかったからです」とすることができます（becauseを使わずに"We had no proof."と答えるだけでも会話は成り立ちます）。

since も理由や原因を示すときに使える

since も「…なので」「…だから」という意味の接続詞として使うことができます。

Since the hurricane is coming, we need to evacuate.
（ハリケーンが近づいているので、避難する必要がある）

since は相手もわかっているようなことを理由として示すときに使いますから、becauseとは違って文頭で使うことが多くなります（「ご存じのとおり」というニュアンスです）。
　主節のあとに since 節を続けることもあります。

You should book a table **since** the restaurant is very popular. （テーブルの予約をすべきです。そのレストランはとても人気がありますから）

「ほら、こういうことですから」というニュアンスで説明を加えるときには since が適格です。

否定文で because を使う

否定文でbecause節を使う場合は、表す意味に気をつけ

160

る必要があります。

I didn't cry **because** I had my heart broken.

この文はNOT [I cried because I had my heart broken]. という構造です。つまり「私は失恋したから泣いた」を否定するため、「私は失恋したから泣いたのではなかった」となります。では、次の文はどうでしょう。

I didn't cry **because** you were with me.

この文はNOT [I cried] because you were with me. という構造です。否定するのは「私は泣いた」ことだけなので、「あなたが一緒にいたから私は泣かなかった」という意味になります。I didn't cry because I had my heart broken. を同じようにとらえると、「私は失恋したから泣かなかった」となってしまいます。否定文でbecause節を使う場合には、どこまでが否定の範囲になっているかを文脈からとらえる必要があるのです。

あなたの **新** 常識　その36［接続詞］

because節で文を始めることもできるし、会話では相手の質問に対して **Because ...** と答えることもできる。

第2章　知っていて当たり前の表現20　　161

column2

あなたの常識

思い込み編

　英語学習の話になると、だれもが何かと口を出したくなるようです。でも、それらの多くは「思い込み」によるもので、ややもすれば間違った学習につながりかねません。みなさんもこんな思い込みをしていませんか？

① **文法を学ばなくても英語が話せるようになる**

　文法は語を組み立てて意味のある文をつくるためのルールです。ルールに従わなければ伝えたい意味を表すことはできません。語を組み立てる最低限のルールを理解しておくことは、英語学習には欠かせないのです。

② **留学すれば英語が話せるようになる**

　短期間の「語学留学」で劇的に英語が話せるようになることはありません。英語を耳にする環境に身を置くだけで急に話せるようにはならないのです。目的意識を持って努力しなければ効果はありません。

③ **ネイティブから習えば英語が話せるようになる**

　英語のネイティブ・スピーカーならだれでも英語を教えられるわけではありません。英語を教えるための知識や経験が必要です。日本語でわかりやすく教えてくれる日本人教師も英語学習には欠かせません。

英語学習に関する思い込みや誤解については、『英語学習7つの誤解』（大津由紀雄、NHK出版、2007年）に詳述されています（同書の改訂版は2019年にひつじ書房より出版される予定です）。

常識レベル

第3章
知っていると
プラスの表現
14

あなたの常識　その37 [単数・複数]　

everybody（みんな）は単数扱いなので、人称代名詞で受けるときは he か he or she を使う。

everybodyやeveryoneは「みんな、すべての人」を表しますが、**文法的には単数扱い**です。主語で使うときは、Everybody **is** waiting for you.（みんながあなたのことを待っているよ）のようにbe動詞の現在形は **is** となり、一般動詞の現在形には三単現のsを付けます。そして、everybodyを受ける人称代名詞は、

Everybody thinks **he or she is** above average.
（みんなが自分は平均以上だと思っている）

のようにhe or sheを使います。以前はheだけでしたが、男女平等の観点からhe or sheとするようになりました。でも、現代英語ではEverybody thinks **they** are ... のように **everybody に対して they を使う**ことが普通になっているのです。

everybody はなぜ単数扱いなのか

everybodyとeveryoneは同じ意味です。everybodyよりもeveryoneのほうがフォーマル感があるため、会話では

everybody、文書ではeveryoneのほうがよく使われます。

　この2つの単語はeveryとbody、everyとoneの組み合わせです。everyはevery studentのように単数形の名詞を続けて「どの〜も」という意味を表します。これにbodyとoneをくっつけることで「どの人も」という意味になったのです。oneは「人」を表すことができますから、every one of the students（その学生のだれも）のような使い方ができますが、everyとbodyを離して使うことはできません（every bodyだと「どの死体も」という意味になってしまいます）。

　everybodyとeveryoneは「どの人も」とひとりひとりを意識することから、単数扱いとなっているのです。

everybodyを受ける人称代名詞は？

　everybodyとeveryoneは単数扱いですから、人称代名詞で受けるときは、heかsheを使うことになります。以前は女性が含まれていてもheだけを使い、Everybody thinks **he** is ... としていましたが、1970年代にこのような性差別的な表現は使うべきではないという声があがってきました。そんな動きの中で、he or sheを使うようになったのです（書くときにはs/heやhe/sheとすることもあります）。

　でも、he or sheでは、話すときも書くときも煩わしいものです（特に何度も繰り返されるとうんざりです）。やがて、文法的には単数と複数が一致しないものの、男女を問わず使えるということでtheyの使用が増え始め、今ではeverybodyやeveryoneを受けるときにはtheyを使うの

第3章　知っているとプラスの表現14　165

が普通になっているのです。目的格なら them、所有格な
ら their です。

Everyone has **their** own opinion.
（だれもが自分の意見を持っている）

anybody（anyone）、somebody（someone）、そして each
や every を使う場合も同様です。

If anyone calls me, tell **them** I'll be back in a few minutes.
（だれかが私に電話をしてきたら、すぐに戻ると伝えてください）

Someone has lost **their** smartphone.
（だれかがスマホをなくしました）

Each applicant must submit **their** application form in
person.
（応募者はそれぞれ、応募書類を自分で提出しなければなりません）

he or she を使えない場合もある

everybody や everyone を受けるときに he or she が使え
ない場合もあります。それは、集団のひとりを意識するの
ではなく、集団全体を意識して「みんな」と言う場合です。

As soon as everybody arrived, **they** started to work.
（全員が到着するとすぐに、彼らは仕事を始めた）

また、"How's everybody in your family?"（家族のみな

166

さんはお元気？）のように聞かれたときは、"They're doing pretty good."（とても元気にしてますよ）のようにtheyを使います。ここで、He or she is doing ...とするのは不自然ですね。

manholeは性差別？

男性社会だった時代には、policeman（警官）やfireman（消防士）のようなmanのつく名詞が普通に使われていました（そもそも英語では「人」をmanと言うくらいですから）。今ではそれぞれpolice officer、firefighterと呼ばれています。businessmanもbusiness personやbusiness executiveに、chairman（議長）もchairやchairpersonに変わっています。

おもしろいところではmanhole（マンホール）にもmanがあるじゃないかということで、sewer holeとかutility holeと呼ぶこともあります。maintenance holeと呼ぶ地域もあるようです。

あなたの **新** 常識　その37［単数・複数］

everybodyは単数扱いだが、人称代名詞で受けるときは**they**や**them**を使うのが普通になっている。

第3章　知っているとプラスの表現14　　167

あなたの常識　その38 [単数・複数]　★

There's ... の後には単数形の名詞を続け、複数形の名詞を続けることはできない。

「何かがどこかにある」と、伝える相手にとって新しい情報を提供するときに、〈**There + be動詞 ...**〉という表現を使います。be動詞に「何が」を続けることで、

There is a cat under my car.
(僕の車の下にネコがいる)

のような文ができます。伝えたい何かが複数の場合は、There **are** two cats under my car. のように be動詞を are にします。There is の後に複数形の名詞を続けることはできません。でも、There is の縮約形である There's には、There's some cats ... のように複数形の名詞を続けることがあるのです。

なぜ There's に複数形が続くのか

〈There + be動詞 ...〉の there は文の主語の位置にありますが、構造上の主語として文頭に置かれているだけで、「そこ」という意味はありません。そのため、there の発音は [ðeər] ではなく [ðər] という弱い発音になります。

be動詞の形は意味上の主語である名詞に合わせますから、その名詞が単数であればThere is/was ...、複数であればThere are/were ... となります。でも、後続する名詞にbe動詞の形を合わせるのは、話しているときにはちょっと面倒です。伝えるものが単数か複数なのかを確認したうえで言葉にする必要があるからです。そこで、There isの縮約形であるThere'sを単数・複数に関係なく使うようになりました。There'sをひとつのまとまりとしてとらえ、isが含まれているという意識が薄れてしまっているのです。

There's a lot of places to visit in London.
（ロンドンには訪れる場所がたくさんあります）

　There'sに複数形を続けるのは基本的には話すときだけです。また、縮約しないThere isには単数形を続けなければなりません。

なぜthereをわざわざ使うのか

　そもそも、thereを構造上の主語として使うのはどうしてなのでしょう。伝えたいものを表す名詞をそのまま主語にすればよいのではないでしょうか。

第3章　知っているとプラスの表現14　　169

?? <u>A cat</u> is under my car. （ネコが僕の車の下にいる）

　文法的には問題ありませんが、この文だけだとかなり不自然になってしまいます。それは、伝える相手にとって新しい情報であるa catが文の最初にいきなり出てくるからです。

　英語では、**伝える相手も知っている情報（旧情報）から相手にとっては新しい情報（新情報）へ**、という情報上の基本構造があります。英語を話す人たちはこの流れになじんでいるため、新情報で文が始まることに違和感を覚えます。〈There＋be動詞〉で文を始めることで、「何かがどこかにある」ことを新しい情報として出しますよ、と相手に伝える合図になるのです。

　a catを文頭で使えないわけではありません。たとえば、車にネコの足跡がついていて、「あっ、こいつが犯人だ」ということであれば、A cat is under my car!と言えます。ネコの足跡があることから、どこかにネコがいることはわかっているからです。

〈There＋be動詞〉の後の名詞にtheはつかない？

　〈There＋be動詞〉には、相手も知っている固有名詞や定冠詞theの付いた名詞を続けることはできない、と思っている人がほとんどだと思います。でも、これも正しいとは言えません。伝える相手に「ここにはこれがあるよ」と言うときに、

170

In Paris, there is the Louvre.
（パリにはルーブル美術館がある）

のような言い方ができるのです。〈There + be動詞〉を使うのは**「何かがどこかに存在する」ことを新情報として伝えるとき**です。たとえば「パリには何があるの」と聞かれたのであれば、the Louvre はその時点では相手にとっての新情報になる、というわけです。

　相手にとっての新情報でなければ〈There + be動詞〉は使いません。

The cat is under my car.
（そのネコなら僕の車の下にいるよ）

Mona Lisa is in the Louvre.
（モナリザはルーブル美術館にあります）

　ネコの話やモナリザが話題になっている場合は、the cat や Mona Lisa で文を始めればいいのです。

あなたの **新** 常識　その38［単数・複数］

There is ... には単数形の名詞を続けなければならないが、**There's ...** には複数形の名詞を続けることもある。

第3章　知っているとプラスの表現14　　171

あなたの常識　その39 [イディオム]　★

I've got a car. は現在完了形の文なので、「私は車を手に入れた」という意味になる。

　会話の中でI've got a car. とか Have you got a car? のように、have gotという表現を使うことがあります。have gotは〈have + 過去分詞〉という現在完了形ですから、I've got a car. は「車を手に入れた」という完了の意味を表していると言えそうです。

　でも、実際にhave gotを使うときは完了の意味は意識しません。形は現在完了形ですが、**動詞のhaveと同じ「持っている」という意味**で使っているのです。I've got a car. は I have a car. と、Have you got a car? は Do you have a car? と同じ意味なのです。

have got は have の意味で使う

　have gotは会話で使われるカジュアルな表現です。イギリス英語では頻繁に使われますが、アメリカ英語では一般的とまでは言えないようです。haveはさまざまな表現で、一般動詞としても助動詞としても使われます。そこで、「持っている」という意味のときはhave gotという形にして、伝える意味をはっきりさせているのです。

　have gotは〈have + 過去分詞〉の現在完了形です。現在

172

完了形は「何かをした」という〈完了〉の意味や、「何かを
したことが今の状況につながっている」という〈結果〉の
意味を表すことができます。I've got a car. の場合は、「車
を手に入れて、今もその車を持っている」ことを表してい
るのです。この「今もその車を持っている」という部分に
だけ焦点を当てて使われるようになったのが、have got
です。

　have got は**「持っている」という状態を表すときに使わ
れる表現**です。I've got a car. のように具体的なものを持っ
ているだけでなく、

I've got a cold. (かぜをひいています)
I've got a problem. (問題があります)

のような使い方もできます。have got は「持っている」と
いう意味でしか使いませんから、have a good time (楽し
い時を過ごす) や have breakfast (朝食を食べる) のような
動作を表す場合には使えません。動作を表す have を使っ
て今の状況を表すときは、I'm having breakfast. (朝食を食
べています) のように現在進行形にします。

have got の使い方

　have got は「持っている」という今の状態を表すときに
使います。過去のことや未来のことには have got は使いま
せん。過去のことなら had を、未来のことなら will have
を使います。

第3章　知っているとプラスの表現14　　173

have gotを疑問文で使うときは、

Have you **got** any money?（お金を持っていますか）

のようにhaveを文頭に出します。この疑問文に答えるときは、Yes, I <u>have</u>. / No I <u>haven't</u>.のようにgotは入れません。否定文のときは、

I **haven't got** any money.（お金を持っていません）

のようにhave notという否定形を使います。

　have gotは今の状態を表す表現ですから、頻繁に起こることについて述べるときは使えません。たとえば、I often have headaches.（よく頭痛がします）と言うときにhave gotは使えないのです（今だけの状態ならI've got a headache.です）。

　なお、have got toが、「しなければならない」を表すhave toと同じ意味で使われることもあります。

<u>have を一般動詞として使う</u>

　アメリカ英語では今の状態を表すときも、haveを一般動詞として使うほうが多いようです。

Do you **have** any money?
I **don't have** any money.

このほうが日本人の英語学習者にはしっくりきますね。イギリス英語では、

Have you a dog? / I haven't a dog.

のような使い方をすることがありましたが、今はこのようなhaveの使い方をすることはほとんどありません。

have got で現在完了形の意味を表す

　have gotで〈完了〉や〈結果〉の意味を表すこともあります。ただ、have gotはhaveの意味で使うのが普通ですから、「手に入れた」という意味の現在完了形として使いたいときは、have hadやhave boughtのような表現を使います。

　また、アメリカ英語ではgetの過去分詞はgottenを使いますから、現在完了形として使うときはhave gottenという形にします。

I've gotten a job.（就職が決まりました）

あなたの 新 常識　その39 [イディオム]

I've got a car. は「私は車を持っています」という意味で、**have got** は **have** と同じ意味を表す。

第3章　知っているとプラスの表現14　175

あなたの常識　その40 [不定詞]

「住む場所」はa place to live inで表し、a place to liveとすることはできない。

　「訪れる場所」と言いたいときは、placeに不定詞を続けてa place to visit（訪れる場所）とします。この表現ではa placeがvisitの目的語になっています（visit a placeというつながりです）。「住む場所」ならa place to live inです。a placeがinの目的語になるからです（live in a place）。

　でも、実際にはこんな言い方をよくします。

I'm looking for **a place to live**. (私は住む場所を探しています)

placeに不定詞を続けて「住む場所」としたいときは、inを入れずにa place to liveとしてもよいのです。

a place to liveとa house to live in

　アメリカ英語ではa place to liveのようにinを省略することが多く、口語では特にその傾向が現れます。a place to liveのほかにも、

a place to eat (食べる場所)
a place to sit (座る場所)

176

のような表現がありますが、これらも a place to eat at、a place to sit on のように前置詞を使うのが完全な形です。では、名詞が place ではない場合はどうでしょう。

I'm looking for a house to live in.
（私は住む家を探しています）

house の場合は in を省略して a house to live とすることはできません。a restaurant to eat at や a chair to sit on でも前置詞の省略はできないのです。

place と house の違いは？

a place to live と a house to live in の違いは、「場所」なのか「建物」なのかにあります。place は「場所」を表しますが、place という語からは具体的な「もの」のイメージは湧いてきません。一方、house の場合は「家」という「建物」がはっきりとイメージされます。a house と live を組み合わせるときは、内部であることを示す前置詞 in を使う必要があるのです。

place が具体的な「もの」ではなく「場所」を示すことから、place を副詞のように使うこともあります。go のような自動詞と place を、前置詞なしでつないでしまうのです。

I went some places and took some pictures.
（いくつかの場所に行って写真を撮りました）

第3章　知っているとプラスの表現14　177

went to some places とすべきところを、went there という
感覚で went some places としています（これはアメリカ英
語の用法です）。

　place を副詞的な意味でとらえることで、a place to live
という表現が可能になっているのです。place のほかにこ
のような使い方ができるのは、「場所」「空間」を表す space
や room です。

I need **a space to sleep**. （寝る場所が必要です）
Is there **any room to park my car**?
（私の車を停める場所はありますか）

手段や道具を示す with も省略できる

　名詞と不定詞のつながりを示す前置詞を省略する場合は
ほかにもあります。

I forgot **the money to buy groceries**.
（食料品を買うお金を持ってくるのを忘れました）

the money と buy groceries は、buy groceries <u>with</u> the
money という関係です。この with は「お金で」という手段
を示しています。また、

Where's **the remote control to operate the DVD player**?
（DVD プレーヤーを操作するリモコンはどこ？）

では、operate the DVD player with the remote control という関係になっています。このwithは「リモコンで」という道具を示しています。したがって、the money to buy groceries with や the remote control to operate the DVD player with とするのが完全な形なのです。

withを使わずに the money to buy groceries や the remote control to operate the DVD player とするのは、「お金」や「リモコン」を手段や道具としてではなく、「お金が買う」「リモコンが操作する」のように行為の主体であるかのような感覚でとらえているためです。

また、不定詞を副詞用法で使うときは、

I withdrew some money **to buy groceries**.
（食料品を買うためにお金をおろした）

のようになりますが、この「（私が）〜するために」という感覚が、名詞を修飾する形容詞用法でのwithの省略に影響していると考えることもできます。

あなたの **新** 常識　その40 [不定詞]

「住む場所」を表す**a place to live in** は、**a place to live**とすることもできる。

第3章　知っているとプラスの表現14　179

あなたの常識　その41［不定詞］　　★

This box is too heavy for me to lift. という文では、liftの目的語としてitを入れることはできない。

　英語で「この箱は重すぎて持ち上げることができない」と言うときは、

This box is **too heavy to lift**.

とすることができます。〈too＋形容詞＋不定詞〉で、「～するには…すぎる」「…すぎて～できない」という意味を表しています。この文のliftは「～を持ち上げる」という意味の他動詞で、目的語になるのは主語のthis boxです。このように、不定詞の目的語が主語と一致する場合は、不定詞の後に目的語を入れて×This box is too heavy to lift it.とすることはできません。

　でも、不定詞の前に意味上の主語を入れてThis box is too heavy **for me** to lift.（この箱は私が持ち上げるには重すぎる）とすると、This box is too heavy for me to lift it.とできるようになるのです。

〈too …＋不定詞〉が表す意味

　〈too＋形容詞＋不定詞〉は、「…すぎる」を表す〈too＋

180

形容詞〉の後に、「～するのに」という判断基準を不定詞で示す表現です。too heavy to lift は「持ち上げることができる重さの基準を超えている→だれも持ち上げられない」ことを表しているのです。

too の後に副詞を続けることもあります。

He talked **too fast to understand**.
(彼は話すのが速すぎて理解できなかった)

too fast to understand で「理解できる速さの基準を超えている」ことを表しています。to understand の目的語は主語の「彼」で、この場合も × He talked too fast to understand <u>him</u>. とすることはできません。

不定詞の目的語と文の主語がいつも同じというわけではありません。

He was **too careless to understand** <u>the distinction</u>.
(彼はその違いを理解するには不注意すぎた)

また、不定詞で自動詞を使う場合もあります。

It's **too hot to run**.
(走るには暑すぎる)

This sofa is **too dirty to sit on**.
(このソファは汚すぎて座れない)

[主語 this sofa は sit on の目的語になっています]

第3章　知っているとプラスの表現14　181

His story is **too good to be true**.

（彼の話はうますぎて本当とは思えない）

[「本当である基準を超えるうまい話」ということです]

不定詞の意味上の主語を入れる

　This box is too heavy to lift. という文では、不定詞 to lift の意味上の主語、つまり「だれが持ち上げるのか」は示されていません（この場合は「一般の人が」という解釈になります）。「だれが」をはっきりと示したいときは、前置詞 for を使って不定詞の前に入れます。

This box is **too heavy for me to lift** (it).

for me を入れることで、to lift の目的語として this box を指す it を入れることができるようになります。「私が（それを）持ち上げるには」ということです。日本語でも「この箱はそれを持ち上げるには重すぎる」は不自然ですが、「この箱は私がそれを持ち上げるには重すぎる」は「まあ許容」となりますね。英語でも、for me to lift it とするのは「まあ許容」くらいの扱いです。

　too の後で副詞を使う場合も、不定詞の意味上の主語が入ると、次のようになります。

He talked **too fast for me to understand** (him).

（彼は話すのが速すぎて私には理解できなかった）

182

The monkey moved **too quickly for the zookeepers to catch** (it). (その猿は動きが速すぎて、動物園の飼育係は捕まえることができなかった)

不定詞の目的語としてhimやitを入れることができるようになるのです。

too heavy for me to lift を so ... that で書き換える

This box is too heavy for me to lift. という文は、so ... thatを使って書き換えることができます。

This box is **so heavy that I can't lift it**.
(この箱はとても重いので、私は持ち上げることができない)

so ... thatを使う場合は、that節には否定語が入り、liftの目的語itは必ず入れます。

「書き換え」と言っても、異なる表現方法ですから、意味がまったく同じというわけではありません。「重すぎる」と「とても重い」ではニュアンスが違いますね。

あなたの 新 常識　その41［不定詞］

This box is too heavy for me to lift. のように不定詞の意味上の主語が入ると、**lift** の後に **it** を入れることがある。

第3章　知っているとプラスの表現14　183

あなたの常識 その42 [現在完了] ★

just nowは「たった今」という過去の時点を示すので、現在完了形の文で使うことはできない。

「その仕事はやり終えています」のように、**完了していること**を伝えるときは、現在完了形を使います。

I**'ve finished** the job.

完了の意味を表すときは、just（ちょうど）やalready（すでに）のような副詞をよく使いますが、just now（たった今）は現在完了形とは一緒に使えないと言われていました。でも、

I**'ve just now finished** the job.

のように、現在完了形の文で使うこともあるのです。

just now は過去の時点を示す

just nowは「たった今（a moment ago）」という過去の時点を示しますから、

184

I heard the news **just now**.

（その知らせをたった今聞きました）

のように、動詞は過去形（または過去進行形）にします。現在完了形にできないと言われるのは、just nowがlast night（昨夜）やtwo days ago（2日前に）と同じように、過去のある時点を示す表現だからです。

　過去であることを示す表現があれば、現在完了形を使うことはできません。それは、現在完了形が**現在の状況を過去の出来事との関連で述べる**ときに使う表現だからです。I've finished the job. が伝えているのは、「仕事をやり終えた」というよりも、「仕事をやり終えている」という**現在の状況**なのです。

　疑問詞のwhenも現在完了形と一緒には使えません。whenは「いつなのか」を尋ねる表現ですから、

When did you **finish** the job?

（その仕事はいつやり終えたの？）

とできても、× <u>When have</u> you <u>finished</u> the job? とはできないのです。

なぜ just now は現在完了形と一緒に使えるのか

　just nowがlast nightやtwo days agoのような表現と違うのは、「ちょうど今」という現在のことを示す場合があることです。

第3章　知っているとプラスの表現14　　185

I'm really busy **just now**. (今はとても忙しいのです)

何かをしてほしいと頼まれたときに、「今はちょっと…」と言うときに使える表現です。この意味の場合は、動詞は現在形（または現在進行形）にします。just nowは現在形の文で使えるわけですから、現在完了形の文で使ってもいいのでは、となってきたのです。

　just nowを現在完了形で使うようになったもうひとつの理由は、justの使い方です。現在完了形の文でjustを使うと、「ちょうど〜したところだ」という意味になります。justはhaveと過去分詞の間に入れますから、

I've just finished the job.

のような文ができます。このjustは「ほんの少し前」を示しますから、「たった今」を示すjust nowも、

I've just now finished the job.

としてもいいことになります。実際にはjustだけで「ほんの少し前」を表すのではなく、現在完了形との組み合わせで意味を表すのですが、その意識が薄れてjust nowも同じような使い方をするようになったのです。just nowを使っていても、「仕事は終わっている」という現在の状況を伝えていることに変わりはありません。

　justと違って、just nowを文末で使うこともあります。

The president has arrived just now.

（社長はたった今到着しました）

この場合も、「到着したばかりで今ここにいる」という現在の状況を表しています。

　ただし、「just nowを現在完了形と一緒に使うのは間違いだ」と指摘する英語話者は（少数にはなってきましたが）今でもいます。英語学習者としては、現在完了形の文でjust nowを使うのはやめておいたほうがいいでしょう。

過去形で just や already を使う

　justやalreadyは現在完了形の文で使って「ちょうど〜したところだ」とか「すでに〜している」という意味を表しますが、現代英語では過去形と一緒に使うことも多くなっています。アメリカ英語によく見られますが、I've just finished the job. と言うところを I **just finished** the job. と言うのです。過去形でも、ちょっと前のことであればそれが現在と何らかのつながりがあることは意識できます。わざわざ現在完了形を使わなくても、ということです。

あなたの 新 常識　その42［現在完了］

「ちょうど〜したところだ」という完了の意味を表すときに、**just now**を現在完了形の文で使うことがある。

第3章　知っているとプラスの表現14　　187

あなたの常識　その43［現在完了］　　　　　　　★

「パリに行ったことがある」は、現在完了形のhave been to Parisで表し、have gone to Parisとはしない。

　「〜に行ったことがある」という**経験**を表すときは、現在完了形のhave been toを使います。

I have been to Paris three times.
（私はパリには3回行ったことがあります）

　have gone toは「〜へ行ってしまった」という**完了**の意味を表しますから、「〜に行ったことがある」という経験を表すことはできません。こう覚えている人が多いはずです。でも、

I have gone to Paris before.
（私は以前、パリに行ったことがあります）

のように、have gone toで経験の意味を表すこともあるのです。

have been to が「行ったことがある」を表すのは？

　have been toが「〜に行ったことがある」という意味に

188

なることは、中学生のときに覚えたのではないでしょうか。では、be動詞の過去分詞beenを使ったhave been toが、なぜ「行ったことがある」という意味になるのでしょう。まず、この文を見てください。

I was in Paris.（私はパリにいました）

Where were you last month?（先月はどこにいましたか）のような質問に答えるときは、このように言います。どこにいたのかをbe動詞の過去形を使って伝えています。では、be動詞を現在完了形にしてみましょう。

I have been in Paris.

この文は「パリにいたことがある」という経験を表しています。I have been in Paris since last month. なら「先月からずっとパリにいる」という継続の意味になりますし、Where have you been?（どこにいたの?）という質問にI've been in Paris. と答えれば、「パリにいました」という意味にもなります。

I have been to Paris. は、I have been in Paris. のinをtoに変えた表現です。toは「到達点」を示す前置詞ですから、「パリに到達したことがある」→「パリに行ったことがある」となるのです。have been toも、I've been to Paris.（パリに行ってきました）のように、完了の意味を表すこともあります。経験の意味なのか完了の意味なのかは

第3章　知っているとプラスの表現14　　189

文脈や状況によりますが、I've been to Paris three times.（パリには3回行ったことがあります）なら経験の意味、I've just been to Paris.（ちょうどパリに行ってきたところです）のようにjustが入っていれば完了の意味、ということになります。

have gone to は「行ってしまった」を表す

goの過去形wentを使ったwent toは、「〜へ行った」という意味で使います。

My wife **went to** Paris.（妻はパリに行きました）

この文からは「妻がパリに行った」ことがわかるだけで、帰ってきているかどうかはわかりません。でも、

My wife **has gone to** Paris.

と現在完了形にすると、「妻はパリに行ってしまった」という完了の意味になって、妻はパリに行ったままということになります。

さて、ここで主語をIにしてみましょう。

I **have gone to** Paris.

自分のことですから「行ってしまった」という意味にはなりませんね。ここから、have gone toでも、使われる状況

によっては経験の意味を表すようになったのです。これは
アメリカ英語に見られる使い方です。

　have gone toで通っていた学校に言及することもありま
す。バラク・オバマ（アメリカ合衆国第44代大統領）のス
ピーチに、I've gone to some of the best schools in America,
and I lived in one of the world's poorest nations.（私はア
メリカの最高の学校のいくつかに通いました。そして、世
界で最も貧しい国のひとつで暮らしたことがあります）と
いう一文があります。この表現はgo to schoolの現在完了
形ととらえるとわかりやすいですね。

have visited で「行ったことがある」を表す

　「〜に行ったことがある」は、visitを使ってI **have visited**
Paris three times.とすることもできます。have visitedは
「〜を訪れたことがある」という意味で、観光や見学など
何らかの目的を持ってそこを訪れた、というニュアンス
が感じられます。アメリカ英語ではvisitを自動詞として
使って、I have visited in Paris.のようにすることもありま
す。

あなたの 新 常 識　その43［現在完了］

「〜へ行ったことがある」という経験の意味を、
have gone to で表すこともある。

第3章　知っているとプラスの表現14　　191

あなたの常識　その44 [過去完了]

「あなたにもらった時計をなくした」と言うときは、過去完了形を使ってI lost the watch you had given me.とする。

「あなたにもらった時計」は「あなたが私にくれた時計」ということですから、the watch (that) you gave meで表すことができます。「なくした」を表すlostに the watch you gave meを目的語として続けると、「あなたにもらった時計をなくした」となります。この場合、「あなたが私にくれた」のは「なくした」よりも前のことです。英語では、過去のある時点よりも前のことは過去完了形 (**had＋過去分詞**) で表しますから、

I **lost** the watch you **had given** me.

となります。文法的に正しい文なのですが、ちょっと堅苦しい感じがします。実際には過去形のまま、

I **lost** the watch you **gave** me.

とすることが多いのです。

過去完了形が表す意味は？

過去完了形は、過去のある時点での〈完了・結果〉、〈経験〉、〈継続〉を表すときに使います。

The train **had** already **left** when we arrived.

（私たちが到着したとき、列車はすでに出ていた）【完了・結果】

I went to Taiwan last month. I **hadn't** ever **flown** before.

（先月台湾に行きました。それまで飛行機に乗ったことはありませんでした）【経験】

I moved out of the house I **had lived** in for ten years.

（私は10年間住んでいた家から引っ越しました）【継続】

過去完了形で、過去のある時点で完了していること（その結果としての状況）、過去のある時点までに経験していたこと、過去のある時点まで続いていたことを表しています。

過去完了形は、過去のある時点よりも前のことを表すときにも使います。

I thought I **had sent** the letter the previous day.

（私は前日にその手紙を送ったと思った）

「思った」という過去の時点よりも「送った」のは前ですから、had sentという過去完了形を使っています。

過去完了形を使わなくてもいい場合もある

過去より前のことなら必ず過去完了形にする、というわ

第3章　知っているとプラスの表現14　　193

けではありません。

　出来事を起こった順に述べるときは前後関係を気にする
必要はありませんから、どちらも過去形にします。

My husband **bought** me a ring, but I **lost** it.
(夫が指輪を買ってくれたが、それをなくしてしまった)

「買ってくれた」のは「なくした」よりも前のことですが、
わざわざhad boughtとはしません。

　出来事が起こった順にならなくても、前後関係が誤解な
く伝われば過去形でかまいません。

I **lost** the ring my husband **bought** me.
(私は夫が買ってくれた指輪をなくしてしまった)

「なくした」よりも「買ってくれた」のが前だということは
明らかですから、わざわざI lost the ring my husband **had
bought** me.とする必要はないのです。

The show **was** better than I **expected**.
(そのショーは思ったよりもよかった)

この場合も、時の前後関係を正確に表すとThe show was
better than I **had expected**.となりますが、I expectedで
誤解なく伝わります。このような場合、特に話し言葉では
過去形で表現することが多いのです。

194

afterやbeforeがあれば前後関係は明らか

　接続詞のafterやbeforeを使うときも、過去よりも前であることを過去完了形で表す必要はありません。

We **went** out <u>after</u> we **had** lunch. (昼食をとってから外出した)
They **left** the room <u>before</u> I **arrived**.
(私が到着する前に彼らは部屋を出た)

時の前後関係を正確に表すと、

We went out <u>after</u> we **had had** lunch.
They **had left** the room <u>before</u> I **arrived**.

と過去完了形を使うことになります。文法的には正しい形ですが、少しおおげさな感じがしてしまいます。

　whenやas soon asを使う場合も、時の前後関係が明らかであれば、先に起こったことを過去完了形ではなく過去形で表してもいいのです。

あなたの **新** 常識　その44［過去完了］

過去のある時点よりも前のことでも、時の前後関係が誤解なく伝わる場合は過去完了形にしなくてもよい。

第3章　知っているとプラスの表現14　　195

あなたの常識　その45［助動詞］　★

mustは「〜に違いない」という意味を表すことができるが、have toでこの意味を表すことはできない。

「〜に違いない」という話者の確信を示すときは、助動詞mustを使います。

Ken **must be** honest.（ケンは正直に違いない）

「〜しなければならない」という義務を表すときはmustかhave toを使いますが、「〜に違いない」を表すのはmustだけ、と思っている人が結構いるようです。でも、have toを使って「〜に違いない」という意味を表すこともできるのです。

His story **has to be** true.（彼の話は本当に違いない）

mustには2つの意味がある

mustには「〜しなければならない」という意味と、「〜に違いない」という意味があります。一見するとまったく違う意味のようですが、この2つの意味にはつながりがあります。

mustの基本の意味は「〜しなければならない」という**義**

務です。

Ken **must** tell the truth.（ケンは真実を話さなければならない）

「しなければならない」と言うときは、強制力や拘束力が感じられます。そうしないことは認めないという確固たる思いがmustにはあるのです。そこから、そうでないことは認めないという**確信**につながり、「そうに違いない」という意味をmustで表すようになったのです。

have toも2つの意味を持つようになった

　have toも「〜しなければならない」という意味を表しますから、mustと同じように「〜に違いない」という意味でも使われるようになりました。have toが確信の意味で使われるようになったのはmustの影響によるものです。以前はアメリカ英語で使われていましたが、現在ではイギリス英語でも広く認められるようになっています。とは言え、**「〜に違いない」という意味を表すときはmustを使うのが一般的**です。

　「しなければならない」という義務の意味で使うときには、**mustは主観的でhave toは客観的**という意味上の違いがあります（きちんと使い分けることはそれほどありませんが）。この意味上の違いが「そうに違いない」という

第3章　知っているとプラスの表現14　197

確信の意味にも反映されることがあります。mustは話者が主観的にそう確信している場合に、have toは何らかの客観的な根拠があって確信している場合に使う、というものです。この違いも意識されることはそれほどありませんが、形が違いますからまったく同じ意味を表しているわけではないのです。

「～に違いない」は現在の状況に対して使う

mustとhave toを「～に違いない」という意味で使うのは、現状についての確信を表す場合です。

He **must [has to] be** tired.（彼は疲れているに違いない）
He **must [has to] know** the truth.
（彼は真実を知っているに違いない）

動作を表す動詞を使って「～しているに違いない」と言いたいときは、進行形にします。

You **must [have to] be** joking!（冗談でしょ！）

動作動詞の原形を使って「～するに違いない」を表すことはありません。習慣的にしていることについて、「いつも～しているに違いない」のように言うことはできますが、あまり使われません。

未来のことについて、「彼はそのコンペで勝つに違いない」のように言うことがありますが、その場合はsureや

198

certainという形容詞を使って確信を表現します。

I'm **sure** [**certain**] that he will win the competition.
I'm **sure** of his winning the competition.
It is **certain** that he will win the competition.
He is **sure** [**certain**] to win the competition.

　過去のことについて「～だったに違いない」と言うときは、〈must have + 過去分詞〉という形を使います。

He **must have noticed** the difference.
(彼はその違いに気づいたに違いない)

意味があいまいな場合もある

　mustとhave toには2つの意味がありますが、その文だけでは意味を判断できないこともあります。Ken must be honest.の場合は、「ケンは正直に違いない」という意味と、「ケンは正直にならなければならない」という意味を両方表すことができるのです。

あなたの **新** 常識　その45 [助動詞]

「～に違いない」は**must**を使って表すのが一般的だが、**have to**を使って表すこともできる。

第3章　知っているとプラスの表現14　199

あなたの常識 その46 [助動詞]

may wellを使ったHe may well be surprised.という文は、「彼が驚くのももっともだ」という意味だ。

　may wellと聞くと、「~するのももっともだ」という訳語を思い浮かべる人が多いのではないでしょうか。

He **may well** be proud of his sons.
(彼が息子たちの自慢をするのももっともだ)

このような例文を参考書などで見た覚えがあるはずです。でも、may wellは「~するのももっともだ」という意味よりも、**「おそらく~だろう」という意味で使われることが多い**表現です。He may well be surprised. も、「彼が驚くのももっともだ」という意味だけでなく、「彼はおそらく驚くだろう」という意味でも使われるのです。

may well が表す2つの意味

　では、may wellが「~するのももっともだ」と「おそらく~だろう」という2つの意味になるのはどうしてなのでしょう。mayとwellの意味から、2つの意味をとらえていくことにします。

　助動詞mayには、「そうしてもよい」という**許可を表す**

200

基本の意味と、「そうかもしれない」という**可能性を表す認識の意味**があります。

You **may** link to our website.
(当ウェブサイトへのリンクを許可します)【許可】
It **may** snow tonight.
(今夜は雪が降るかもしれない)【可能性】

「そうしてもよい」ということは、そうしないという可能性もあります。そこから、そうかもしれないしそうでないかもしれないという、可能性を表す意味でも使われるようになりました。

　副詞のwellは「十分に」という意味を表します。「してもよい」に「十分に」を加えると、「十分そうしてもよい」→「そうするのも当然だ・もっともだ」となり、「そうかもしれない」に「十分に」を加えると、「十分そうかもしれない」→「おそらくそうだろう」となるのです（may well はmayよりも可能性が高いことを表すということです）。

may well をどちらの意味で使うのか

　ここで、He may well be surprised at the news. という文で2つの意味を確認してみましょう。

　この文が「彼が驚くのももっともだ」という意味で使われるのは、「彼」が「そのニュース」を聞いて驚いたことを話し手がわかっているという状況です。しかも、「そのニュース」が「彼」を驚かせるものだということをその人

第3章　知っているとプラスの表現14　201

はわかっているのです。

　一方、「彼はおそらく驚くだろう」という意味で使われるのは、「そのニュース」を聞けば「彼」が驚く可能性が十分あるとその人が思っているという状況です。

　このように、may well はどちらの意味でも使える場合がありますが、「おそらく～だろう」という意味でしか使えない場合もあります。「～するのももっともだ」と言えるのは、次の文のように、主語が自分の意志でその行為や感情を制御できるような場合です。

You **may well** complain about it.
（君がそのことで文句を言うのはもっともだ）

「～するのももっともだ」という意味は、「十分そうしてもよい」という**話し手の容認**がもとになっていますから、主語の意志で制御できないようなことに対して「もっともだ」とは言えません。

He **may well** win the game.
（彼はおそらく試合に勝つだろう）
It **may well** rain tomorrow.
（明日はおそらく雨になるだろう）

どちらも話し手が容認しているわけではありませんから、「おそらく～だろう」という意味で使われているのです。

might well や could well と言うこともある

　mightはmayの過去形ですが、That **might** be the best choice.（それはベストの選択かもしれない）のように、「そうかもしれない」という現在の推量を表します。mightはmayよりも控え目で確信度が低い表現ですが、実際にはmightとmayの違いはあまり意識されずに使われています。

　couldも That **could** be possible.（それは可能かもしれません）のように「そうかもしれない」という意味で使われますが、mightよりも確信度は低くなります。

　このmightやcouldも、wellを続けて「〜するのももっともだ」と「おそらく〜だろう」という2つの意味で使うことができます。

You **might well** doubt.
（君が疑うのももっともだ）

His story **could well** be true.
（彼の話はおそらく本当だろう）

あなたの 新 常識　その46［助動詞］

may well は「おそらく〜だろう」という意味で使うことが多い。どちらの意味かは内容や文脈から判断する。

第3章　知っているとプラスの表現14　203

あなたの常識　その47 [接続詞]

「もし…でなければ」と言うときは、**if ... not**か**unless**のどちらを使ってもよい。

「がんばって働かなければ、成功しないよ」と言うときは、条件を表す接続詞ifを使って、

You won't succeed **if** you **don't work** hard.

とします。この文はunlessという接続詞を使って、

You won't succeed **unless** you **work** hard.

とすることもできます。でも、次の文はunlessを使って表すことはできません。**「…でなければ」ならunlessを使えるというわけではないのです。**

He will be disappointed **if** she **doesn't come**.
(彼女が来なければ、彼はがっかりするよ)

if ... not は「もし…でなければ」を表す

1993年の大学入試センター試験に次のような出題がありました。ずいぶん前のことですが、高校や予備校の英語

教師は少なからず驚いたものです。

I'll be surprised [　] an accident. He drives too fast.
　① if Tom doesn't have　　② if Tom has
　③ unless Tom doesn't have　④ unless Tom has

正解は①です。unlessを「もし…でなければ」という訳語だけで覚えていると、この問題には対応できません。当時の学校英語教育では、unlessが表す意味をきちんと教えることはあまりなかったのです。

I'll be surprised **if** Tom **doesn't have** an accident. は「トムが事故を起こさなければ僕は驚くよ」という意味です。いつもスピードを出し過ぎているので (He drives too fast.)、「事故を起こさないのは不思議だ」「いつかは事故を起こすだろう」と「僕」は思っているのです。

事故を起こさない

unless は「…という場合を除いて」を表す

unlessが表す「もし…でなければ」は、「…でない限り」という**主節の内容が成立するための唯一の例外**です。「…**という場合を除けばどんな場合でもそれが成り立つ**」ことをunlessを使って表しているのです。You won't succeed unless you work hard.の場合は、「がんばって働く場合を

除けばどんな場合でも成功しない」、裏を返せば「がんばって働く場合にだけ成功する」と言っているのです。このように、unlessを使う文では**主節の内容が成り立たなくなる唯一の条件を示している**、とも言えます。

「トムが事故を起こさなければ僕は驚くよ」を ×I'll be surprised <u>unless</u> Tom <u>has</u> an accident. とできないのは、「トムが事故を起こす場合を除けばどんな場合でも僕は驚く」となるからです。「トムが事故を起こさない」場合だけでなく、たとえば「トムが食事をしている」「トムが寝ている」というような場合でも、「僕は驚く」ことになってしまうのです。

He will be disappointed **if** she **doesn't come**. の場合も、unlessを使って ×He will be disappointed <u>unless</u> she <u>comes</u>. とすることはできません。「彼女が来る場合を除けばどんな場合でも彼はがっかりする」となってしまうからです。「彼女以外のどんな人が来ても彼はがっかりする」とまでは言えませんね。

if ... not と unless では論理展開が異なる

　最後に次の2つの文をもう一度確認しておきましょう。

① You won't succeed **if** you **don't** work hard.
② You won't succeed **unless** you work hard.

どちらも結果的に同じような内容を表していますが、論理展開は異なっています。①は、主節の内容（「成功しない」）が成り立つ条件として、「もし…でなければ」という**否定の内容を特定の条件として示しているだけ**です。一方②は、肯定の内容を特定の条件として示してそれを除外する（except if）という展開です。「もし…であればそれを除いて」ということですから、**肯定の内容を唯一の例外として示している**ことになります。これによって、それ以外のすべての状況で主節の内容が成り立つことにもなります。お金があっても、親の仕事を継いでも、ほかにどんないい条件があっても、がんばらない限り成功しない、と言っているのです。

あ な た の 新 常 識　その47［接続詞］

unlessは「…でない限り」という唯一の例外を示す表現なので、**if ... not**と同じように使えないこともある。

第3章　知っているとプラスの表現14　　207

あなたの常識　その48［冠詞］　　★

関係詞を使って名詞を修飾するときは、その名詞（先行詞）には定冠詞theを付ける。

　関係代名詞や関係副詞は、the house **that** I live inとかthe town **where** I was bornのように、名詞に説明を加えるときに使います（この名詞は「先行詞」と呼ばれます）。「家」とか「町」と言っただけでは、どの「家」なのか、どの「町」なのかわかりません。「私が住んでいる」「私が生まれた」のような説明を加えることで、「私が住んでいる家」「私が生まれた町」と具体化させることができるのです。

　関係詞を使って名詞に説明を加えるときは、the house that I live inのように名詞にtheを付けることがありますが、必ずtheを付けるというわけではありません。たとえば、「私が設計した家」ならa house that I designedとできるのです。

the house that I live in と a house that I designed

　the house that I live in と the town where I was bornに共通するのは、どちらも**ひとつに特定できる**ということです。「住んでいる家」「生まれた町」と言えるのは、その家やその町以外にありません。住んでいる家が複数ある、という人はいるかもしれませんが、生まれた町が複数ある、

という人はさすがにいませんね。the は**名詞の意味が特定できる**ときに使いますから、**the house** that I live in、**the town** where I was born とするのです。

では、**a house** that I designed はどうでしょう。建築家が「私が設計した家」と言うときは、複数の家が候補にあがります。そのうちのひとつを示すときは the ではなく a を使います。「私が設計した家」だけでは特定の家を指すことにはならないからです。

This is **a house** that I designed.（これは私が設計した家だ）

今までに設計した家が1軒しかなければ **the house** that I designed、「私が先月設計した家」なら **the house** that I designed last month とすることができます。また、設計したすべての家のことであれば、**the houses** that I designed とすることになります。なお、目的格の関係代名詞は省略されることが多いので、これらの表現は the house I designed とすることができます。

「特定」と「限定」の違いは？

名詞の後に関係詞節を続けることを「限定用法」と呼びます。この「限定」の意味を理解することで、関係詞節の役割がはっきりします。

関係詞節で「限定する」ということは、**名詞が表す意味の範囲を狭めていく**ということです。たとえば「映画」と言ってもあまりにも範囲が広すぎます。そこで「アカデ

第3章　知っているとプラスの表現14　209

ミー賞を取った映画」としてみましょう。

This is **a movie** that won an Academy Award.
（これはアカデミー賞を取った映画だ）

「アカデミー賞を取った」という説明を「映画」に加えることで範囲はかなり狭まりました（意味を限定したわけです）。「アカデミー賞を取った映画」はたくさんありますから、その中のひとつであれば **a movie** that won an Academy Award となるのです。

　では「今年のアカデミー作品賞を取った映画」という限定をしてみましょう。

This is **the movie** that won the Academy Award for Best Picture this year.

「今年のアカデミー作品賞」はひとつに決まりますから（2018年なら『シェイプ・オブ・ウォーター（*The Shape of Water*）』）、**the movie** that ... と the を付けます。意味を限定した結果、特定されたのです。特定されるということは、**ほかに該当するものがない**ということです。「今年のアカデミー作品賞を取った映画」が複数あれば、the ではなく a を付けることになるわけです。

限定用法と非限定用法

　関係詞の使い方には「限定用法」のほかに、「非限定用

210

法」があります（「継続用法」とも呼ばれます）。非限定用法は、名詞の意味に補足的な説明を加えるという表現方法です。

I recently saw *The Shape of Water*, **which** won the Academy Award for Best Picture in 2018.

非限定用法の特徴は、関係代名詞の前にコンマを入れることです。コンマがあることで、関係代名詞が前の名詞を限定しないことを明確にしています。この文では「私は最近『シェイプ・オブ・ウォーター』を観た」と言ってから、「その映画は2018年にアカデミー作品賞を取った」という説明を加えています。

　コンマをとって限定用法にすると、「2018年にアカデミー作品賞を取った『シェイプ・オブ・ウォーター』」と限定することになり、アカデミー作品賞を取っていない『シェイプ・オブ・ウォーター』があるかのようになってしまいます。なお、非限定用法では関係代名詞thatは使えませんから、この文ではwhichを使っています。

あなたの 新 常識　その48［冠詞］

関係詞節で名詞を修飾する場合、その名詞（先行詞）の意味が特定されなければ、**the** ではなく**a**を付ける。

第3章　知っているとプラスの表現14　　211

あなたの常識 その49 [冠詞] ★

> **play**の後に楽器名を続けるときは、
> **play the piano**（ピアノを弾く）のように
> 楽器名に**the**を付ける。

「ピアノを弾く」「ギターを弾く」のように「〈楽器〉を演奏する」と言うときは、楽器名にtheを付けます。

I **play the piano** every day.
（私は毎日ピアノを弾きます）

このtheは特定の楽器を示すために使われているわけではありません。play the pianoのthe pianoは、「そのピアノ」と特定できるピアノではなく、「**ピアノという楽器**」という意味で使われているのです。

でも、「ピアノを弾く」と言うときはplay the pianoとしなければならない、というわけではありません。特にアメリカ英語では、冠詞を付けずに、次のようにすることもあるのです。

I **play piano** every day.

どうして楽器にはtheを付けるのか

定冠詞のtheは、どれのことなのか、話し手も聞き手も

わかっている状況で使います。したがって、

I want to buy **the piano**. （私はそのピアノを買いたい）

と言えば、買いたいピアノが特定されることになります。
ただ「ピアノを買いたい」だけなら、

I want to buy **a piano**.

とします。

　では、play the piano が「そのピアノを弾く」ではなく、
単に「ピアノを弾く」という意味になるのはどうしてなの
でしょう。それは、play the piano の the piano が「**ピアノ
という楽器** (the musical instrument called a piano)」とい
うニュアンスで使われているからです。これは、電話機の
ことを「電話機という通話装置」というニュアンスで the
telephone と言うのと同じです。play the piano と言うとき
は、どのピアノなのかは問題にせず、また、ピアノという
物体の存在自体も意識せずに、単に「ピアノ（という楽器）
を弾く」ことを表しているのです。

play the piano と play piano の違いは？

　play the piano で「ピアノを弾く」という意味を表します
が、アメリカでは play piano という言い方をする人たちが
出てきました。たとえば、

I play piano in a jazz band.

（私はジャズバンドでピアノを弾いています）

のように、プロのピアニストたちが言うようになったのです。これは、ピアノがその人の活動を支えるものとして認識されているためです。go to school（学校に行く）と言うときのschoolは無冠詞ですが、これは「学校」を建物としてではなく、学習をする場として認識しているからです。play pianoと言うときのpianoと同じ感覚なのです。

　アメリカではplay pianoという言い方が広がってきて、現在ではプロのピアニストでなくても冠詞なしで使うようになっています。play the pianoとplay pianoは「どちらも使う」というのが現状のようです。

play the piano と play a piano の違いは？

　play the pianoとplay pianoは同じように使われていますが、不定冠詞を使うplay a pianoという言い方をすることもあります。

Someone is **playing a piano**.

（だれかがピアノを弾いている）

ピアノの音色を聞いたときに、弾いている人よりも「ピアノ」の存在自体を意識したため、a pianoとしています。aを付けることでピアノという形がイメージされるのです。ただし、このような状況でもSomeone is playing the piano.

とするのが一般的ですし、×I play a piano every day. とか
×I can play a piano. と言うことはありません。ただし、
ピアノの種類に言及するときにはaを付けます。

I want to play a Steinway piano.
(私はスタインウェイのピアノを弾きたい)

Steinway（正式には Steinway & Sons）は有名なピアノ
メーカーです。そのメーカーのピアノを弾きたいと言うと
きはa Steinway pianoとします。スタインウェイのピアノ
そのものをイメージするからです。

on piano はどういう意味？

　コンサートなどで演奏者を紹介するときに、"John Paul
Jones on piano"のように言うことがあります。「ピアノは
ジョン・ポール・ジョーンズ」という意味で、on pianoは
playing (the) pianoを表しています。前置詞onが、何かに
従事していることを示しているのです。

あなたの **新** 常識　その49 ［冠詞］

playの後に楽器名を続けるときは**play the piano**のように楽器名に**the**を付けるが、**play piano**としてもよい。

第3章　知っているとプラスの表現14　215

あなたの常識　その50［前置詞］　　　★

It was stupid ＿＿ you to believe him. の空所に入れるのは **of** で、**for** を入れることはできない。

　stupid（愚かな）という形容詞は〈**It is ＋形容詞＋ of ＋人 ＋不定詞**〉という形で使うことができますから、

It was **stupid of you** to believe him.

で「彼を信じるなんて君は愚かだったよ」という意味になります。stupid のような**人の性質を表す形容詞**を使うときの形ですが、必ず of を使わなければならないのかというと、実はそうではありません。

It was stupid **for** you to believe him.

とすることもあるのです。

人の性質を表す形容詞を使う

　stupid は人を主語にして、

You're stupid to believe him.
（彼を信じるなんて君は愚かだよ）

216

とすることもできます。You're stupidで「君は愚かだ」と指摘してから、そう判断する根拠となった行為を不定詞句 to believe himで示しています。

この表現はその人そのものを「愚かだ」と決めつけることになってしまいますから、そのニュアンスを弱めるために、

It was **stupid of you** to believe him.

とするのです。文頭のitは意味を持たない形式的な主語で、stupid of youはその人が持っている性質を示しています。「**あなたの愚かさ**」というニュアンスです。このパターンで使うことができるのは、brave（勇敢な）、careless（不注意な）、polite（礼儀正しい）、thoughtful（思いやりがある）、kind（親切な）、rude（無礼な）、clever（賢い）、foolish（愚かな）のような形容詞です。

It was **brave of you** to tell the truth.
（本当のことを話すとは、君は勇気があったね）

不定詞の意味上の主語を for で示す

不定詞が主語になるときは、形式主語のitを使って、

It's easy **for** you to solve the problem.
（あなたがその問題を解決するのは簡単だ）

という文をつくることができます。for youは to solve the

第3章　知っているとプラスの表現14　　217

problemの意味上の主語を示していて、「あなたがその問題を解決すること」という意味を表しています。

　stupidを使う文も、to believe himの意味上の主語をfor youで示すと考えれば、

It was stupid **for** you to believe him.

とすることができます。この文が表すのは、「あなたが彼を信じることは愚かなことだ」という意味です。

stupid of you ... と stupid for you ...

　では、It was stupid <u>of</u> you to believe him. と It was stupid <u>for</u> you to believe him. の違いを確認しましょう。

　まず、意味のまとまりがstupid of youとfor you to believe himになるのが大きな違いです。それぞれ「あなたの愚かさ」「あなたが彼を信じること」を表しています。したがって、文を途中で区切るときは、

It was stupid of you | to believe him.
It was stupid | for you to believe him.

となります。forを使うとFor you to believe him was stupid. とすることが文法的には可能です。

　意味の違いとしては、It was stupid <u>for</u> you ... が「あなたが彼を信じる」という行為について「愚かだ」と言っているのに対し、It was stupid <u>of</u> you ... は、「彼を信じる」

という行為が「愚かだ」と言うとともに、「そうするのは
あなたの愚かさだ」と、**その人の性質にも言及している**の
です。

kind を使って感謝を示す

「親切な」を表すkindの場合は、It's kind of you ... とい
う形で使われることがほとんどです。その行為だけを
kindで表すのは不自然ですし、It's kind of you. という形
が定着しているからです。

It's kind of you to help me.

「私を手伝ってくれてあなたは親切です」が文字どおりの
意味ですが、実際には「手伝ってくれてありがとう」とい
うニュアンスで使われます。どの行為について言っている
のか明らかであれば、It's kind of you. だけで感謝の気持
ちを伝えることができます。ていねいで大げさな表現です
から、特別な親切を受けたときでなければ、Thank you.
と言うのが自然ですね。

> あなたの **新** 常識　その50［前置詞］
>
> 人の性質を表す形容詞でも、**It was stupid
> for you to believe him.** のように、**of** では
> なく**for**を使うこともある。

第3章　知っているとプラスの表現14　　219

あとがき

　みなさんの「常識」を「新常識」にアップデートできましたか？　本書を読みながら、「なるほど、そうなんだ！」と思ったことがあったはずです。ただ覚えていただけの知識に、理解が加わったのです。

　英語学習に必要なのは「納得」と「体得」です。頭で理解し、その知識を身体化することで、知識はアクティブに動き出します。そのためには、時間を惜しんではいけません。ことばの習得は、一朝一夕で成し遂げられるものではないのです。知識を身体化するためには、何度も繰り返すことが必要です。繰り返し声に出し、繰り返し書き、実際に使ってみる。これで、その知識を自分のものにすることができるのです。そして、コンテクストの中で文の意味をとらえ、「伝わる」英語になるように心がけましょう。

　本書の基となる英文法研究に際しては、平賀正子先生（立教大学名誉教授）にご指導いただきました。また、本書の内容に関しましては、萱原雅弘先生（元東京家政学院大学教授）と、Tom Kain さんにさまざまなご助言をいただきました。ここに感謝いたします。

2019年2月

鈴木希明

参考文献

安藤貞雄 (2005)『現代英文法講義』開拓社.

Biber, D., S. Johansson, G. Leech, S. Conrad and E. Finegan. (1999) *Longman Grammar of Spoken and Written English*. Longman.

Carter, R. and M. McCarthy. (2006) *Cambridge Grammar of English*. Cambridge University Press.

デクラーク, レナート (安井稔 (訳)) (1994)『現代英文法総論』開拓社.

江川泰一郎 (1991)『英文法解説』(改訂三版) 金子書房.

堀田隆一 (2016)『英語の「なぜ?」に答える はじめての英語史』研究社.

Huddleston, R. and G. K. Pullum. (2002) *The Cambridge Grammar of the English Language*. Cambridge University Press.

柏野健次 (2010)『英語語法レファレンス』三省堂.

柏野健次 (2012)『英語語法詳解 英語語法学の確立へ向けて』三省堂.

河上道生 (1991)『英語参考書の誤りとその原因をつく』大修館書店.

岸田隆之・早坂信・奥村直史 (2002)『歴史から読み解く英語の謎』教育出版.

小西友七 (編) (2006)『現代英語語法辞典』三省堂.

Leech, G., B. Cruickshank and R. Ivanič. (2001) *An A-Z of English Grammar & Usage*. Longman.

中野清治 (2014)『英語の法助動詞』開拓社.

ピーターセン, マーク (1990)『続 日本人の英語』岩波書店.

鈴木希明 (2016)『総合英語be』(3rd Edition) いいずな書店.

スワン, マイケル (吉田正治 (訳)) (2000)『オックスフォード 実例 現代英語用法辞典』研究社出版／オックスフォード大学出版局.

鷹家秀史・林龍次郎 (2004)『詳説レクシスプラネットボード』旺文社.

友繁義典 (2016)『英語の意味を極めるI 名詞・形容詞・副詞 編』開拓社.

友繁義典 (2016)『英語の意味を極めるII 動詞・前置詞 編』開拓社.

梅田巌 (2001)『学校英文法と現代語法の世界 フィールドワークとコーパスに基づく研究』リーベル出版.

渡辺登士・福村虎治郎・河上道生・小西友七・村田勇三郎 (1995)『英語語法大事典 第4集』大修館書店.

ワトキンス, ガレス (富岡龍明 (訳)) (1987)『英誤を診る』河合出版.

ワトキンス, ガレス (富岡龍明 (訳)) (1988)『続 英誤を診る 動詞編』河合出版.

八木克正 (2011)『英語教育に役立つ 英語の基礎知識Q&A』開拓社.

英文校閲	Tom Kain
校正	円水社
イラスト	川野郁代
DTP	滝川裕子

鈴木希明 すずき・のりあき
立教大学大学院異文化コミュニケーション研究科修士課程修了。
東洋大学・武蔵野大学非常勤講師(2019年現在)、
『総合英語Forest』の編集・共著者。
『えいご漬け ルールと、しくみ』(プラト)など電子教材制作にも携わる。
著書に『総合英語be』(いいずな書店)など多数。
文部科学省検定済教科書『be English Expression』編集委員。

NHK出版新書 576

学校では教えてくれない!
英文法の新常識

2019年2月10日　　第1刷発行
2019年4月 5日　　第2刷発行

著者　鈴木希明 ©2019 Suzuki Noriaki

発行者　森永公紀

発行所　NHK出版
〒150-8081東京都渋谷区宇田川町41-1
電話 (0570)002-247(編集) (0570)000-321(注文)
http://www.nhk-book.co.jp (ホームページ)
振替 00110-1-49701

ブックデザイン　albireo

印刷　壮光舎印刷・近代美術

製本　二葉製本

本書の無断複写 (コピー) は、著作権法上の例外を除き、著作権侵害となります。
落丁・乱丁本はお取り替えいたします。定価はカバーに表示してあります。
Printed in Japan ISBN978-4-14-088576-5 C0282

NHK出版新書好評既刊

大乗仏教
ブッダの教えはどこへ向かうのか

佐々木閑

「自己鍛錬」を目的にした釈迦の教えは、いつ、どこで、なぜ、「衆生救済」を目的とする大乗仏教に変わったか? 「対話」から大乗仏教の本質に迫る。

572

フロムに学ぶ
「愛する」ための心理学

鈴木晶

愛は、誰もが生まれながらに持っているものではなく、学ぶべきものだ。ベストセラー『愛するということ』の翻訳者が、フロム心理学の奥義を極める。

573

キャッシュレス覇権戦争

岩田昭男

日本で吹き荒れるキャッシュレスの大嵐。300兆円消費市場を誰が制するか? 「信用格差社会」をいかに生き抜けばよいか? 現金消滅時代の正体!

574

世界史を
「移民」で読み解く

玉木俊明

文明の興亡、産業革命と列強の覇権争い、ヨーロッパ難民危機……。「人の流れ」はいかに歴史を変えたのか!? 経済史研究の俊英が明快に説く!

576

学校では教えてくれない!
英文法の新常識

鈴木希明

「学校英文法」の世界は、時代と共に大きく変化している! 多くの人が高校時代に習った古い情報と比べながら読み解く、目からウロコの現代英文法。

576